JN212256

不退転という生き方

挑戦者たちの思考法

植松努／梅本耕孝／児島保彦／北原陽介／
平田和文／徳岡秀雄／道琳敦子／
溝端勇二／安部利一／野本佳鈴／
小田切秀穂／深代光治

不撓不屈編集委員会

発行・日刊現代
発売・講談社

はじめに

本書を手に取ってくださった方の中には、

「人生で大きな壁にぶつかっている」
「失敗をしてしまった。もう立ち上がれないかもしれない」
「挑戦したいことがあるが、怖くてできない」

などの悩みを抱える方もいらっしゃるかもしれません。人生では、誰にも例外なく、さまざまなことが起こります。「何で私ばかり……」と感じる出来事もあるかもしれません。

しかし「チャンス」というものは、一見「不運」のような顔をしてやってきます。

本書に登場する著者12名は、その「不運」から逃げなかったからこそ、自身だけの「答え」にたどり着けたのです。

本書では、経営者、アスリート、日本画家、冒険家、中小企業診断士、臨床心理士、浄土真宗僧侶、酪農発明家、予備校講師、EM親善大使……など、その分野の最前線で活躍する方々が登場します。彼らに共通するのは、困難な状況でもあきらめずに立ち上がり、また次の目標に向かって歩み続けているということです。

彼らからのメッセージによって、トラブルや困難、逆境にどうやって向き合い、乗り越えていったらよいのか。そのヒントをつかんでいただくことができるでしょう。

本書が読者のみなさんにとって、「私も頑張ろう」と、人生を前向きに歩むきっかけとなっていただけたら幸いです。

目次

1

「どうせ無理」を「できる」に変える宇宙開発

植松 努

TSUTOMU UEMATSU

株式会社植松電機　代表取締役社長

1966年北海道生まれ。継続型就労支援A型作業所株式会社Unizone代表取締役。NPO法人北海道宇宙科学技術創成センター（HASTIC）理事。1962年創業の町工場を継ぎ、宇宙開発に挑戦する企業へと成長させる。講演や教育活動も積極的に行い、年間1万人以上の子どもに夢を追う大切さを伝えている。

マグネット製造から宇宙開発へ

僕たちの会社「植松電機」は北海道の赤平市にあります。1962年に父親が創業した当初は、自動車の修理を主な業務としていました。1999年に法人化し、現在は約30名の従業員とともに、さまざまな「できない」に挑戦し続けています。

仕事内容は、一言では表現できないほど多岐にわたります。2004年までは、パワーショベル向けマグネットを主に製造する町工場でした。現在は医大と連携した医療機器、南極探検用のソリ、トンネル掘削機、さらにはホタテ養殖業者の作業を補助する機械など、幅広い分野の製品開発を手がけています。

2004年からは、宇宙開発にも取り組んでいます。北海道大学との共同研究から始まったロケットの開発は、今では「CAMUI型ハイブリッドロケット」として、次世代の宇宙輸送システムの可能性を切り拓いています。

ただ、この宇宙開発は「儲けよう」「ビジネスにしよう」という目的で始めたわけではありません。

僕が宇宙開発にこだわる理由は、「どうせ無理」という言葉をこの世からなくすため。人々の「できない」という思い込みを、「できる」という希望に変えていきたいのです。

企業研修や講演活動も、同じ志のもとで行っています。とくに力を入れているのが、次世代の子どもたちとの関わりです。スペースキャンプの運営や、小・中学校、高校での体験学習を通じて、**夢を追うことの素晴らしさ、可能性を信じることの大切さを伝えています。**

今回は、僕がロケット開発に至った経緯や夢の叶え方、何かに挑戦するときに大切な心構えなどについてお話しします。僕の経験が、少しでもみなさんの参考になれば幸いです。

祖父の笑顔が導いたロケットへの道

まずは僕の幼少期について少し語らせてください。

僕は1人でいることが好きな子どもでした。幼稚園では周囲の騒がしさに耐えられず、耳を塞いだり園を抜け出したりすることもあったそうです。**学業やスポーツ**は全然ダメでしたが、興味を持ったことには時間を忘れるほど没頭しました。友達は途中で飽きてどこかに行ってしまうので、いつも1人で遊んでいました。

とくに粘土細工や紙飛行機などものづくりが大好き。祖母から「本は大事」と教わったので、虫も紙飛行機も潜水艦のことも、興味が湧いたことはすべて本から学びました。**当時の「知らないこと、わからないことは調べればよい」という姿勢は、大人になった今でも変わりません。**

ロケットとの出会いは、3歳の頃でした。アポロ11号の月面着陸の映像がテレビで流れたとき、大好きだった祖父が目を輝かせて喜んでいたのです。そのときの祖父の表情が忘れられず、もう一度あの笑顔が見たくて、僕はロケットのことを調べ始めました。

その後も興味の対象は広がっていき、小学校の卒業文集には「自分でつくった潜水艦で世界中の海を旅したい」と書きました。中学生になると飛行機への興味がより一層強くなり、学習ノートが飛行機の設計図で埋め尽くされていきました。そしていつしか、「飛行機を自分でつくりたい」という夢が膨らんでいったのです。

人生を変えた運命の出会い

大学卒業後は、念願だった名古屋の航空機メーカーに就職することができました。大好きな飛行機の設計に携われたので、「夢が叶った」と思いました。

しかし最初は楽しかったのですが、入社2年目で徐々にやりがいを感じられなくなったのです。与えられた作業を、ただ毎日淡々とこなすだけ。僕はこの会社で何を実現したかったのだろう……。結局、僕は**就職をゴール（夢）にしていたことに気づき**、5年半で飛行機の仕事に終止符を打ちました。

その後、北海道の実家に戻って父親が経営していた「植松電機」に入社しました。しかし不景気と重なり、事業はどんどんうまくいかなくなりました。そこで僕は、パワーショベルに取り付ける特殊なマグネットを開発。全国に売り込み、事業を回復させることに集中しました。実家に戻って10年くらいは、航空宇宙産業とは縁遠い毎日を送っていたと思います。それでも、心のどこかではロケットや飛行機のことが気になっていました。

そんなある日、小さな新聞記事に目が留まりました。「**北海道大学がロケットを飛ばそうとしている**」。

僕はこれまで「ロケットは危険物だから飛ばせない」と思い込んでいたので驚きました。ロケットは危険物に指定されていて、法律上の制限も厳しく、簡単につくれるものではありません。ただ当時は、「ロケットを打ち上げるなら、見に行きたいな」と軽く認識するだけでした。

それから僕の運命を大きく変えたのは、1本の電話でした。例の新聞記事に載っていた北海道大学大学院の永田晴紀教授から「ロケットに搭載する電気部品をつくってほしい」という依頼が植松電機に入ったのです。

とりあえずヒアリングするため、僕の会社に招いたところ、永田先生は植松電機を「電気屋」と勘違いしていたようでした。その場で誤解は解けたものの、広い土地を見渡して永田先生はこうつぶやきました。

「ここなら、ロケットがつくれるかもしれない」

僕は、その言葉を聞き逃しませんでした。目の前でロケットエンジンが燃えるところを見てみたい――。しかし永田先生は続けて「自分は国立大学の教授なのに、国も大学も予算を組んでくれない。いつ実験ができるかわかりません」と涙ながらに言いました。

永田先生が目指していたのは、従来のものとは全く異なる、危険を伴わないロケットの開発です。燃料にはポリエチレン素材を使用し、塩素なども含まないため、有毒ガスによる環境汚染の心配もありません。一般のロケットが用いる液体燃料は大爆発の危険が伴いますが、この方式なら爆発しづらく、比較的安全に飛ばすことができるのです。

「そのロケットは、僕でもつくれますか?」

そう永田先生に聞くと、「できます」という答えが僕の心に火をつけました。

「僕が部品を全部つくります。ぜひ一緒にやりましょう!」

と、ロケット研究に全面支援することを約束したのです。最初はエンジンだけでしたが、次第に機体、測定器、パラシュートと手がける範囲は広がり、ついにはロケットを丸ごとつくれるようになりました。

ロケットの打ち上げは失敗の連続

しかし、ロケットエンジンの開発は決して順調にはいきませんでした。ロケットは軽くて強くなければならず、そのバランスを取るのが極めて難しいのです。何度も打ち上げを重ねて精度は上がっていきましたが、当初は成功の理由さえわからない手探りの状態が続きました。気圧、温度、燃料を注入するタイミング……。それぞれが爆発の原因となり得ます。

この壁を乗り越えられたのは、1つのパラメーターに絞ってテストを行う方法を確立できたからです。たとえば、10カ所おかしい要素があれば、1回のテストで1カ所だけ変更し、原因を分析する。この地道な実験の積み重ねが、最終的にロケットの構造をシンプルにし、コストダウンにもつながりました。

ロケットの打ち上げは、世界中の論文を調べても、成功例が多く失敗例はほとんど公表されていません。何事もそうですが、失敗談よりも美談だけがフォーカスされて語られがちです。失敗談は、企業秘密であったり、恥ずかしかったりという理由から誰も公開しようとしないのです。

しかし、**失敗こそ成功への近道です。失敗を通らずに、成功に近づくことはできません。成功の秘訣は、成功するまでやるということです。**

ちなみに、起業家のイーロン・マスク氏がロケット開発の失敗動画を公開しているのは、とても勇気ある試みだと思います。

僕たちの実験も、失敗の連続でした。でも、一つひとつの失敗が新たな発見につながり、よりよいロケットをつくる糧となっていきました。

「どうせ無理」をなくすと決めた日

僕が植松電機の後を継いだ頃の話です。リサイクル用マグネットの開発によって業績が伸びたのですが、取引先に騙されて借金を背負ってしまい、他社とのトラブルも続くことがありました。

気づけば僕の心は冷たくなっていき、損得勘定で人と付き合うようになっていたのです。

その後、再び大きな転機が訪れます。知人から児童養護施設でのボランティアに誘われた日のこと。最初は内容もよく知らずに参加しましたが、そこで出会ったのは、親から虐待や暴力を受けた子どもたちでした。誰も近寄ってこないことを不思議に思っていたら、「知らない人に触られると、パニックになる子が多いのです」と説明を受けました。

ある男の子は「親と一緒に暮らすことが夢」と僕に教えてくれました。その言葉に胸が締めつけられました。彼の夢を摘んだのは親なのに。なぜそんな親でも愛しているのだろう。僕は、「自分はこの子すら救えない人間なんだ」という不甲斐なさを噛み締めるとともに、過去を思い出していました。

小学生の頃、僕は3年間、担任の先生から暴力を振るわれ続けました。絶え間ない自己否定の言葉。その傷は、まだ完全には克服できていなかったと大人になって気づきました。**その先生がよく使っていたのが、「どうせ無理」という言葉です。**後に知ったことですが、その先生自身も家庭で暴力を受けていたそうです。

中学生の頃も、飛行機やロケットに携わる仕事がしたいと思いましたが、周囲の大人に「お前の頭でできるわけがない」と言われました。中には「東大に入らなければ無理」と言う先生もいました。進路相談をしただけなのに未来を否定され、選択肢を奪われたような気持ちになりました。

自信の剥奪や暴力は、世代を超えて繰り返される。それによって、最も弱い立場にある子どもが犠牲になっていくのです。

「どうせ無理」と思われることこそ、誰かがやらなければならない。僕がそんな大人になろう。そう決めた直後に、永田先生から運命の電話が入ったのです。まさに奇跡としか言いようがない出会いでした。

ただ、僕に暴力を振るった先生も、「どうせ無理」と夢を否定してきた大人たちも、必要な出会いだったのかもしれません。**幼少期のつらい体験は、今は決して無駄ではなかったと思えます。僕のように傷ついてきた子どもたちの気持ちがわかるからです。**

本との出会いも、僕を支えてくれました。高校生のときに読んだチャック・イェーガーの本は、とくに印象的でした。彼は高卒でありながら、大卒資格が必要なテストパイロットになり、世界で初めて音速の壁を破った人物です。彼の愚直な生き方に、僕は真実を見出しました。**道は誰かに引いてもらうのではなく、自分で切り拓いていくものだと。**

自信がない、夢がわからない人へ

日本には「自信がない」「夢がわからない」という大人がたくさんいます。

でも考えてみてください。幼稚園に入る前の子どもたちは、誰もが無限の可能性を信じていたはずです。ところが、学校に入ってから自信を失う子が急激に増えていきます。その理由は、点数をつけ、順位を比べる大人がいるからです。日本の教育は、「人と競争すれば力が付く」という間違った教えが根付いています。

大切なのは、**人と比べることではなく、昨日の自分と比べること**ではないでしょうか。優秀な人と比べては自信を失くし、自分にはそんな才能はないと決めつける。そうやって他者と比較すればするほど、自分が戦えるフィールドは狭くなり、出会う人も限られて、チャンスもつかみづらくなっていきます。他者と比べて競争することは、何の意味も持たないのです。

また「夢がわからない」という言葉の背景には、考える力を奪う教育があります。「言うことを聞きなさい、命令に従いなさい」という教育で、子どもの主体性など育つはずがありません。

それでも、世間の常識は、実は簡単に変えられます。

自信を持って生きている人、夢に向かって挑戦している人と付き合えばよいのです。また偉大な人々は本を通じて、その知恵を僕たちに残してくれています。だから、**自分のやりたいことを実現した人の本を読み、できれば会って話を聞く**ことが、夢を叶える最短ルートだと僕は信じています。

もうひとつ、**夢を言葉にすることも大切です。**ＳＮＳでもリアルでも自分の夢を言語化して周囲に伝えておくのです。もちろん、誰かに「どうせ無理」と言われるかもしれません。でも、それを聞いた誰かが、新しい扉を開いてくれるかもしれない。僕は永田先生と出会って、人生が本当に大きく変わりました。それまでは人と会うのも億劫でしたが、**人との出会いの価値を信じられるようになりました。**

そして今の時代は、夢を叶えるチャンスにもあふれています。たとえば、昔は寿司屋になろうと思ったら修行が何年、何十年と必要と言われていました。でも今はYouTube動画などでプロが握り方を教えてくれます。

あるいは歌手になりたいと思ったら、オリジナルの楽曲をつくって世界に発信することもできます。それが誰かの目に留まり、デビューにつながる可能性もゼロではありません。

昔は不可能だったことができる時代にあって、情報もすぐに手に入れられる。あとは、行動を起こす勇気を持つだけです。「**どうせ無理**」**という言葉に負けないで、一歩を踏み出してほしいと思います。**

増やすのはお金ではなく能力

僕は北海道の芦別市という炭鉱の町に生まれ、2軒隣は馬の蹄鉄屋で向かいが鍛冶屋という、ものづくりが身近にある環境で育ちました。

そして僕の父は、生粋のものづくり人間でした。とくに印象に残っているのは、『007』という映画に触発されてつくった水中スクーターです。映画の中で007が水中をビューンと進んでいくシーンがあるのですが、父はそれを再現してつくり、家族で海水浴に行ったときに実験しました。バッテリーで動くゴーカートをつくってくれたこともあります。

こうした幼少期の体験から、僕は大切なことを学びました。それは「**欲しいものがなければ、つくればよい**」という発想です。市販品は確かに便利ですが、高額な出費をともないます。でも自分でつくれば材料費だけで済みますし、つくる過程で得られた知識と技術は無駄にはなりません。

お金は使えば減っていく一方ですが、能力は使えば使うほど磨かれ、さらに広がっていきます。

だから僕は、能力を育むことこそが最大の財産だと考えています。誰かが用意したサービスをお金で買うのではなく、自分でできることを増やしていく。すると、やりたいことの幅も広がり、その能力で誰かを助けられる喜びも生まれる。それはやがて自分1人の中では完結せず、周りの人や社会に波及して影響を及ぼすはずです。

仕事とは、誰かの課題や問題を解決すること。僕も身の回りにある不便なこと、納得いかないことをサービスにできないかとよく頭をひねります。僕たち人間に、不可能なことはないのです。

「正しくあらがう心」を持つと夢は叶う

子どもたちは、優しくて素直な存在です。問題に直面したとき、自分が我慢することで何かをあきらめ、事態を丸く収めようとする子どもは多いものです。

しかし「あきらめて何かをやめる」という選択は、未来の可能性を摘み取ってしまうことにもなりかねません。それは単に、自分の行くべき場所を誰かに譲っているだけであり、最終的には自分の本質を殺すことにつながってしまうのです。

この問題の根源には、大人たちの「我慢しなさい」という教えがあると思います。一部の大人は嫌なことがあると目や耳を塞ぎ、行動しないことを選択し、それを美徳だと思っています。しかし、その姿勢を貫いている限り、新たな世界を切り拓くことはできません。

だからこそ僕は、子どもたちには**「正しくあらがう心」を持ってほしい**と願っています。**嫌な出来事があったとき、ただあきらめて投げ出すのではなく、「なぜ自分はこんな気持ちになっているのだろう?」と、感情の源泉を探るのです。**

嫌なことから目を背けても、嫌なことはなくなりません。勇気を出して見つめて考えるのです。問題を解決していけるようになれば、自分と同じように苦しんでいる人も助けることができる。そういう仕組みになっています。

この「正しくあらがう心」は、子どもだけでなく、大人にも伝えたいメッセージです。一人ひとりが自分の力を信じて選択・行動していけば、よりよい社会が実現できると思うからです。

ただ恐怖に怯えて絶望するのではなく、しぶとく生きてほしい。僕がロケット打ち上げで失敗続きだったときのように、どうすればうまくいくかを考え抜くのです。正しくあらがって生きれば、どんな夢でも叶えられると僕は信じています。

リトライできる社会を目指して

僕が目指しているのは、「リトライできる社会」の実現です。

現代の日本では、大学進学から就職までのレールが敷かれ、そこから外れることを許さない風潮があります。

しかし、たとえばヨーロッパでは、大学への再入学制度が整備されており、わずか3カ月程度で新たな道を選択できる仕組みが存在します。

現在、福岡大学と連携して、企業での短期トレーニングを通じて人材育成を行う教育プログラムの開発に取り組んでいます。数カ月の職場体験を経て、自分に合った道を選べるなどの柔軟な選択肢を提供することで、人々がより自由に、そして前向きに人生を切り拓いていける社会をつくりたいと考えています。

ちなみに最近僕は、子どもたちにサインを求められたら、「ロケットと星」の絵を描くようにしています。自分が本当にやりたいことに向かって進んでいると、高度な知識は自然と身についても、周囲と話が合わなくなってきます。

なかなか理解してもらえず、孤独な気持ちになるのですが、**暗闇の中を進んでいけば、必ず星にたどり着く。そして、たどり着いた先には、同じ暗闇を乗り越えた仲間が待っているから、独りぼっちに負けないロケットになってね。**僕はそう伝えたいのです。

だから、夢が叶うまでに孤独を感じることがあっても、自分を信じて前に進んでください。人生に「これが最後」という選択肢はありません。**何度でもリトライできる。**そんな社会の実現に向けて、僕自身も挑戦を続けていきたいと思います。

2

「大人になっても夢は叶う！」を体現する世界一への挑戦

梅本耕孝
KOTAKA UMEMOTO

ベンチプレス日本代表
／キッズトレーナー
1982年岡山県総社市生まれ。10代で数々の病気やケガに苦しんだ経験からスポーツトレーナーの道を志す。22歳で上京後、延べ1万人以上の運動指導を行う。現在は子どもの指導に尽力し、都内で「楽しく夢中になる運動教室」を主宰。37歳から始めたベンチプレス競技で2024年、世界大会に初出場。年齢別男子66キロ級で準優勝を果たす。

どんどんおもしろくなる人生

僕は現在、キッズトレーナーとして、4歳〜小学校6年生の子どもたちの運動指導にあたっています。子どもたちはみんな、僕のことを「梅ちゃん先生！」と元気に呼び、慕ってくれます。

「楽しく夢中になる」というのが、僕が主宰する運動教室のコンセプト。子どもたちは、リズムにあわせて跳んだり跳ねたり、昔のメンコ遊びを応用して投げる動作をしたりして、遊ぶように体を動かします。

子どもにとって一番大切なのは、**「楽しい」という感情**です。

つらい思いをして運動を「頑張る」のでなく、「気づいたら楽しくて夢中になっていた」という体験をたくさん味わってほしい。そんな想いで、日々子どもたちの成長をサポートしています。

僕がスポーツトレーナーになって早20年。22歳でこの職に就いてから、実に幅広い年代の方々に関わり、トレーニングのサポートを続けてきました。運動の目的もさまざまで、歩行が困難なお年寄りの方もいれば、オリンピック選手もいました。

そうしたトレーナーとしてのキャリアを重ねる中で気づいたのは、僕は子どもと関わるのが一番好きだということ。

子どもたちと接していると、教えられることがたくさんあります。子どもは、大人のように建前を言うことがなく、純粋で素直。いつも、本音ベースで生きている。そのまっすぐな姿に、僕は元気をもらうのです。

しかしその反面、大人の取り繕ったごまかしは通用しません。子どもたちは嘘を見破る鋭さを持ちあわせています。僕は指導者として「言行不一致になっていないだろうか」と、いつも身が引き締まる思いです。僕にとって子どもたちは、よき先生でもあるのです。

と、ここまでお話ししたことは、スポーツトレーナーとしての一面。僕にはもうひとつの顔があります。

それは、42歳にして現役のアスリートであるということ。37歳から始めたベンチプレス競技で２０２４年、世界大会に初出場。自分の体重の倍に相当する１３２・５キロを持ち上げ、年齢別男子66キロ級で準優勝を果たすことができました。次なる目標は、もちろん、世界一になること！

ベンチプレスを本格的にやる前の僕は、プロボクサーでした。格闘技経験なし、28歳でプロテストに合格した遅咲きのファイター。周囲から「そんなの無理」と言われながらプロになる夢を叶えました。

子どもの頃に思い描いた夢は叶えることはできませんでしたが、僕は大人になってからの夢をほとんど叶えているのです。だから僕は、子どもたちに「大人になっても夢は叶うよ」と伝えたい。僕自身が夢や目標を実現していく姿を通して、多くの子どもや大人に、励ましのメッセージを届けたいと思っています。

キッズトレーナーとアスリート。異なる顔に見えるけど、伝えたいメッセージは同じ。**「大人になっても夢は叶う」ことを証明するために、僕は挑戦を続けているのです。**

ここまでの話を聞くと、順風満帆の人生に映るでしょうか？

事実、そんなことはありません。これまでの道のりは、決して平坦なものではありませんでした。

実は、16歳のとき「縦隔気腫」という肺に穴が開いてしまう病気になり、医師から「激しい運動をすると死ぬ恐れがある」と、運動を制限されたことがあるのです。その後も、立て続けに病気やケガが襲い、暗闇の中をもがくようなつらい時期が続きました。

原因不明の病である縦隔気腫は、完治しておらず、今もこの病気と付き合いながらアスリート生活を続けています。

これまでの人生を振り返ると、計らずもどんどんおもしろくなってきているなと感じます。だって、こんなエキサイティングな人生、なかなかないですよね。
ここでは、僕が困難を乗り越えていった経験やこれからの挑戦、夢を叶えるための秘訣などについて分かち合いたいと思います。少しでもみなさんの人生に役立ててもらえたらうれしいです。

不撓不屈の精神で突き進む

もしかしたら、僕が生死に関わるリスクを抱えながらスポーツを続けてきたことに対して不思議に思う方もいるかもしれません。まずはそのことからお話ししたいと思います。

これについては正直、僕自身もよくわからず、「毎日、生かしてもらっている」という感覚です。ただはっきり言えるのは、**死を恐れるよりも、夢や目標に向かって突き進む気持ちのほうが何倍も強い**ということ。16歳のとき言い渡されたドクターストップは、僕を運動から遠ざける理由にはなりませんでした。
病気持ちの母の影響もあったと思います。母は僕が子どもの頃から心臓が悪く、さまざまな治療を尽くしても40歳くらいまでしか生きられないと医師に言われていました。そんな母は今、68歳。地元岡山で元気に暮らしています。
このような間近に見てきた母の姿から、エビデンスなどの科学的根拠が示すことは一理あっても、すべてではないと教えられたように思います。

ところが、このときは楽観的だった僕も、冒頭で伝えた通り、その後立て続けに襲ってきた病気やケガには苦しむことになります。いくら頑張っても、どれだけ工夫しても、一向に成果につながらない……。人生で最もつらい時期でした。希望が持てず、絶望感にさいなまれました。

しかしこのときの経験が、後にスポーツトレーナーへの道を開き、「**正しい知識と正しい選択を持って健康をコントロールできる人を増やしたい**」という志に変わっていきました。

正しい体の使い方を学んだおかげで体の状態は次第によくなり、少しずつ努力が実を結ぶように。がむしゃらに努力するだけでは不十分であることを身を持って教えられた経験でした。それがやがて、「正しいトレーニングを世の中に広める」という使命につながっていったのです。

僕には果たすべき使命がある。叶えたい夢がある。その想いが、20代の僕を支え、30代の僕を導き、42歳になった今の僕を生かしてくれているように感じます。だから、「死ぬかもしれない」なんて弱気になりません。死んだら死んだでそれまでの男だったということ。誰に何と言われようと、僕は信念を曲げません。これからも夢や目標に向かって突き進む。それが僕の生き方です。

スモールステップで「できる」を増やす

ここからは、夢を叶える秘訣について具体的な話をしたいと思います。

こんな僕でも、ベンチプレスの練習を始める前に「今日はやる気ねぇな」とネガティブな気持ちになり、サボろうと考えてしまうことがあります。こっそり告白しますが、そんなことは日常茶飯事。というより、毎日です。

しかし、気の向くままに行動していては、当たり前ですが目標に近づくことはできません。では、そんなときどうすればよいのか。

打開策は、「行動」です。

行動といっても、いきなり大きなことに取り掛かるのではなく、その日のタスクや目標に対して順序立てて階段をつくり、**その階段を一番下から一段ずつ上っていくようにステップを踏んでいく**のです。

これは、初動の心理的ハードルをグッと低くするだけでなく、「できた」という達成感によってやる気を引き出し、行動を加速させる効果があります。トレーニングをしているうちにだんだん気持ちも乗ってくる。僕はそういったルーティンを複数持っています。

子どもたちを指導するときも同じです。たとえば、投げるという動作を教えるとき、いきなりキャッチボールはやりません。うまく投げることができない段階でボールを投げ合っても、子どもたちの「楽しい」にはつながらないからです。

子どもが持つ可能性を最大限に引き出すために一番大切なのは、子ども自身が楽しむこと。楽しいという感情が子どもたちの「好き！」や「もっとやりたい！」につながり、やがて「夢中」になったときには、子どもたちの持つ凄まじいエネルギーが解き放たれます。


そのためにはまず、**「できた！」という体験が何より大事。**最初はボールを持つなど絶対にできることから始め、次に、ボールを下に落とす。今度は、上に持ち上げる。このように動作レベルを少しずつ上げていき、レベル5や6でつまずいたらレベル1に戻る。この小さなステップを行き来しながら進んでいくことで着実に「できる」を増やし、その積み重ねが子どもたちのやる気と自信を育んでいくのです。

これは運動に限った話ではありません。芸術など他のどんな分野でも共通です。また、大人も子どもも一緒。**自分に合ったスモールステップを踏んで「できる」を増や**

す。それが、夢を叶えるための秘訣だと思います。

とにかく行動！　「動き回る」が正解！

僕自身、自分が賢い人間であるとは思っていません。しかし、人一倍行動してきたことに対する自負はあります。その行動力があったからこそ、大人になってから思い描いた夢を次々に叶えることができたのだと思います。

この経験から僕が子どもたちに伝えたいのは、**子どものうちに動き回って行動し、どんどん挑戦しよう**ということです。

まず、自分の「好き」や「楽しい」という気持ちに正直になってみる。そして、周りの大人に何を言われようが、やりたいことをとことんやればいい。子どものうちに「やりたいことはひと通りやり尽くした」と言えるほど、行動したらいいんです。

たとえば、YouTuberになりたいと思ったとしたら、すぐにでもYouTubeを始めてみる。チャンネル運営には年齢による制限もありますが、動画の撮影と投稿だけやってみるなど、周りの大人の協力を得ながら今できる行動もあるはずです。

実際にやってみることで、自分には合わないと思ったり、想像と違うことにガッカリしたりするかもしれません。でもそれも前進のうち。行動を通して得られる気づきは、何にも変え難い貴重な経験です。

これは親御さんへのメッセージになりますが、お子さんのやりたいことをとことんやらせてあげてください。それが人を傷つけるようなことや、危険が及ぶようなことなら、大人が介入する必要があります。しかしそうでなければ、極力口を挟まず、温かい目で見守っていただけたらと思います。

僕は、日本代表の選手たちや世界のトップクラスの選手たちに会い、彼らと話すたびに確信することがあります。それは、**「楽しい」「好き」のパワーは偉大**だということ。大舞台で成果を出している彼らはみな、自分の「好き」や「楽しい」をきっかけに競技を始め、そのパワーを源に夢を実現しているのです。

結局は、自分との闘い

一方で、「やりたいことがない」という子もいるでしょう。

それもその子の個性なので、そのままでいいと僕は思います。夢中になる対象がなくても、楽しく生きている人はたくさんいます。猛烈にやりたいことがないからこそ縛られない心の自由を感じ、自分は幸せだと思っている人もいるはずです。

それを、周りに合わせるようにして、無理に自分を変えようとしなくていいと思うのです。無理をしたところで、それが本当に自分の幸せにつながるとは限りません。

「好きなこと、やりたいことがない自分は駄目だ」と思わせる風潮は、子どもに対する大人の過度な期待であり、エゴではないでしょうか。


大事なのは、人と比べないこと。人と比べてしまうのは、やはりSNSの影響が大きいのだと思います。きらびやかな投稿には、心を奪われたり、強い刺激を受けたりしますよね。

しかし僕の知る限り、**数々の栄冠を手にしたトップアスリートや世界チャンピオンでさえ、99%は普通の日常です。**SNSで見せる華やかな一面は、わずか1%に過ぎません。だから、SNSに惑わされないでほしいのです。

結局のところ、人と比べてどうかというよりも、**突き詰めればすべて自分との闘い。自分なりのスモールステップを踏んでいった先にある成長が大切なのだと思います。**

子どもの「できた!」を増やす講習会

僕がベンチプレスを本格的に始めたのは37歳ですが、初めてベンチプレスに触れたのは、高校2年時、サッカー部の筋トレでした。手始めに、重りを付けない状態でバーベルのみを持ち上げてみました。その重さ、20キロ。

ところが、それがなかなか上がらない……。他の部員たちが次々と持ち上げるなか、僕だけ持ち上げることができなかったのです。この青年が、後に世界2位になるとは一体誰が想像できたでしょうか。

あまりの悔しさから僕はコツコツと努力を続け、1年後には重さ100キロのバーベルを持ち上げるまでになっていました。このときの成功経験が、僕の大きな自信になったことは言うまでもありません。今でもことあるごとに思い出し、つらいときの支えになっています。

何より鮮明に覚えているのは、ベンチプレスがめちゃくちゃ楽しかったこと。悔しさ以上の楽しさがあり、夢中になってトレーニングに励みました。この、「夢中になる」という感覚は、単につらく苦しい努力をしているのとはまるで異次元の世界です。

僕の近い将来の目標は、全国各地に出向き、頑張っている子どもたちを後押しする励ましのメッセージを伝えること。みなが、前向きな一歩を踏み出せるような勇気と希望を届けることです。そのために、全国の小学校で講演会や講習会を行い、子どもたちがその場で「できた！」という成功体験ができるような対面指導をしたいと考えています。

過去の僕がそうであったように、成功体験こそが子どもの自信を育み、「もっとやりたい」「楽しい」という意欲を引き出します。この過程で重要なのが、**子ども自身が「よくなった！」「変わった！」と小さくても確かな効果を実感すること。**たとえば、立位体前屈をしたとき、ある動作をすることで「スーッと気持ちよく体を伸ばせるようになった」「1～2センチでも記録が伸びた」など、以前よりもよくなった体感が得られることなどです。

ところが現在、学校教育で行われている運動指導の多くが、残念ながら子どもたちの成果につながっていないのが現状です。ここは、指導者の持つスキルや経験が問われる部分だと思います。ただがむしゃらに努力を続けるだけでは、きちんと成果につながらないばかりか、過去の僕のようにケガ続きで苦しむことにもなりかねません。

正しい知識と正しい選択（指導）によって真の健康はつくられます。これは、僕の原体験を通して得た確信です。大きな可能性を秘めた子どもたちには、正しい知識と行動の選択によって「できた！」を増やし、自信をつけてほしい。そして、やりたいことにどんどん挑戦し、輝いていってほしいのです。

「スモールステップ」の実践で世界一を目指す

もう1つ、僕が今掲げている目標は、ベンチプレスの世界大会で優勝することです。

2024年5月に行われた前回大会では、20キロの差でチャンピオンに敗れました。ベンチプレス競技で20キロというのはかなり大きな差で、世界トップレベルとの実力差を思い知りました。

実はその世界チャンピオンは、日本一でもあり、僕の知り合いという間柄。彼の質も量も並外れたレベルの練習をよく知っているだけに、大会が終わってからの数カ月間は気持ちが焦るばかりでした。子どもたちの指導で普段言っていることを、僕自身ができていなかったことに気づき、反省しました。

依然として、世界チャンピオンへの道は、険しく厳しい道のりです。客観的にみて、まだまだ実力差はある。僕にとって、これは大きな挑戦です。

しかし、焦っても意味がありません。**子どもたちに「スモールステップが大事」と伝えている通り、今こそスモールステップを踏み、目標に向けて前進**すべきだと思っています。

一時は伸び悩んだ記録も、試行錯誤しながら自分なりのトレーニング方法を確立できたおかげで、少しずつですが成果への手応えを感じられるようになりました。すぐには難しくても、冷静に勝負のタイミングを見計らい、初心に返ってコツコツと努力を重ねる――。

必ず、僕は世界一になります。

自ら挑戦し、夢を叶える姿を見せることで、子どもや大人に「大人になっても夢は叶う」と伝えたい。困難があってもそれに屈することなく突き進むことで、「あんな梅ちゃんでもできるんだ」と、少しでも希望を持ってもらえたら。これほどうれしいことはありません。

時間はかかるかもしれませんが、子どもたちが楽しく運動を続け、自分の好きなことに夢中になっている姿を見て、親御さんもよい刺激を受けるはずです。あるいは、僕の姿を見た親世代の方々が、「梅ちゃんも頑張っているから挑戦してみよう」と前向きな言葉で子どもの背中を押してあげるなら、子どもにとってどれだけ大きな励ましとなるでしょうか。

そうやって、親子でポジティブな相乗効果が生まれるのが家族だと思います。**家族がよくなることで、日本全体がよくなる。**僕はそう信じています。

その小さなきっかけになることが僕の原動力であり、そのために、この命を燃やしていきます。

3

人生は何歳からでもおもしろくできる

児島保彦

YASUHIKO KOJIMA

中小企業診断士

１９３７年長野県千曲市生まれ。早稲田大学商学部卒業後、住友大阪セメント株式会社の常務取締役を経て、オーシー建材工業株式会社社長を歴任。万年赤字会社を半年で黒字体質に転換する。退任後65歳で経営コンサルタントとして独立。清泉女学院短期大学兼任講師、長野いすゞ自動車副社長を歴任。ＳＢＣ信越放送のコメンテーター、ＳＭＢＣコンサルティング（ＳＭＢＣグループ）、日本経営合理化協会、旧中小企業金融公庫などの講師を務める。

衰えを知らない情熱

私のことを「ウルトラスーパーじじい」と呼ぶ仲間がいます。87歳という年齢で現役のコンサルタントを続けていることへの、からかいまじりの愛称でしょう。この呼び名が名誉なのか、不名誉なのか、正直なところよくわかりません。ただ、年を重ねることで得られた経験と知恵は、確かに若いコンサルタントとは違う視点を与えてくれているようです。

1937年、私は長野県千曲市で生を受けました。コンサルタントになったのは65歳、サラリーマン生活にピリオドを打ってからのことです。

「人生これからだ」という思いで飛び込んだこの世界で、私は新たな使命を見出すことになります。コンサルタントの役割を一言で表すなら、「知恵を売ること」。どんな質問を受けても、どんな厳しい状況に直面している会社に対しても、自分の引き出しから最適な解決策を導き出し、状況を好転させる。コンサルタントの真価は、いかに自身のたんすを「肥やしているか」にかかっています。

私は、20年以上にわたって企業の経営改革に携わってきましたが、今でも**新しい仕事に対する「ワクワク感」**は衰えることを知りません。むしろ、年を重ねるごとに強まっているのです。この感覚こそが、87歳になった今も現役で居続けられる原動力です。ワクワクする気持ちがなくなったとき、それこそが引退のサインだと思っています。

一つひとつの改革は、私にとって新たな「挑戦」であり、同時に「生きがい」でもあります。経営の建て直しには地道な努力と練り上げた戦略が必要です。とくに、赤字に苦しむ中小企業を黒字体質に変えていく過程には、大きなやりがいを感じ、成功したときの喜びもひとしおです。その根幹になったサラリーマン時代からお話しします。

「出世」という生き方

日本の昭和30年代は、朝鮮動乱を機に息を吹き返し、自信を持ち始めた頃でしたから会社も個人も上昇志向でした。みんな明日に向かっていたのです。そこには階段を上るための熾烈な競争意識がありました。

最近の若い世代の「出世」に対する考え方が少し気になります。「出世」に関心を示さない若者が増えている背景には、「偉くなることに関心を持たない風潮」や逆に「出世意欲を持つことを恥じる雰囲気」あるいは「はじめから自分の尺度を決めてしまう」という価値観の変化があります。

つまり、会社も個人も、どこか守勢に回っているような気がするのです。会社は貯蓄を増やし、開発費や海外進出への投資を控えめにします。個人もまた同じです。どこか内向きになって、自分の殻の中に閉じこもりがちです。あまり外に出たがらず、人とのコミュニケーションを面倒だと感じる。「おひとりさま」が増え、少子化も進む一方です。かなり前になりますが、もうちょっと観点を変えて考えてほしい気持ちから、『偉くなることをためらうな』（同友館）という本を出版しました。

87歳を迎えた今、もし過去の自分に1つだけアドバイスできるとしたら、「大企業のトップを目指すなら、もっと人格を磨いておけ」と伝えたいです。若い頃の私は、ひたすら目の前の「出世」という階段を駆け上がることばかりに心を奪われていました。

本当の意味での「出世」とは、単なる階段上りではありません。スケールの大きな心を持ち、広い視野で物事を捉え、大局観を養うこと。

そして何より大切なのは、**部下一人ひとりを大切にし、日々の豊かなコミュニケーションを通じて、揺るぎない信頼関係を築いていくこと**なのです。

こうした人格者としての資質こそが、経営者には不可欠です。

確かに、世の中の大きな変化は一人の力ではどうすることもできないかもしれません。しかし、若い頃からもっと人徳を磨き、周囲から深く信頼される人間になっていれば、より早い段階でもっと大きな重責を担えたのではないかと思うのです。
目先の成果ばかりを追いすぎる余裕のなさが、結果として、大物になれない原因だったのかもしれません。

「出世」とは何か――それは、単なる地位や権力の獲得ではありません。

一般社員の世界と役員の世界では、見える景色も、できることも異なります。とくに社長と副社長の間では雲泥の差。より広い世界が見え、さまざまな人に出会い、数多くの経験を積むことができます。そして何より、**組織やチームに大きな影響力を持つことで、多くの人を幸せにできる可能性が広がる**のです。「世に出る」と書いて「出世」。これは、自己実現と社会貢献の両立を意味するのかもしれません。

私の場合、出世への意欲の根底には、「人を幸せにしたい」「よりよい生活をしてもらいたい」という思いがありました。自分の思う方向に物事を動かすことができ、自分の描いたビジョンに向かってチャレンジする喜びもあります。それは、毎日の仕事に新たな意味と活力を与えてくれます。何より、明日会社に行くことが楽しくなるのです。

サラリーマン生活は人生の一過程に過ぎません。だからこそ、その期間に、より多様な経験を積んでおくことは、残りの人生をより豊かにします。

出世は「必要」なのではなく、「価値ある選択肢」なのです。それを恥じる必要も、過度に求める必要もありません。ただし、若いうちから可能性の扉を閉ざすのは、あまりにももったいないことです。まずは、「出世」とは何かを知り、自分の道を考えてみることからはじめればいいのです。

キャリアの選択は、個人の価値観や人生の目標によって異なるものです。出世を選択することで得られる機会もありますし、専門性を極めることや、ワークライフバランスを重視するなど、さまざまな道があります。大切なのは、自分が本当に望む生き方を主体的に選択することです。

若い世代のみなさんには、さまざまな可能性を探り、自分なりの「成長」や「貢献」の形を見つけてほしいと思います。それは必ずしも従来型の出世である必要はありません。ただ、早い段階で特定の道を完全に否定してしまうのではなく、多様な選択肢に対して柔軟な姿勢を持ち続けることが、将来の可能性を広げることにつながっていくでしょう。

人生最大のピンチと砕け散った夢

人生には、ときとして避けられない試練が訪れます。私にとって最大のピンチは、新卒で入社した大阪セメント株式会社（現・住友大阪セメント株式会社）時代に遡ります。

1989年、夢にまで見た取締役就任を目前に控えた矢先の出来事でした。

当時の日本は、まさにバブル経済の最中。銀行、石油、セメント、鉄鋼、建設、あらゆる業界が、いわゆる「護送船団方式」で成長を遂げていました。どういうことかというと、日本全体が、大企業も中小企業も共存共栄の精神で結ばれ、多くの業界で談合が常態化していたのです。日本の古来より伝えられる「和を以て貴しとなす」が生きていました。弱肉強食ではなく、小さな会社も大きな会社もともに生きる文化が根付いていました。

大手企業が突出した価格競争を避け、中小企業との共生を図る。そうした暗黙の了解が、日本を世界第2位の経済大国へと押し上げていきました。しかし、この日本型システムにアメリカが異を唱えます。

1989年の日米構造協議において、アメリカは日本に対して独占禁止法の抜本的な強化を強く求めたのです。これにより、日本の談合システムは一気に崩壊へと向かいます。それはまさに、日本経済という巨大な艦隊が一斉に撃沈されていくかのような光景でした。

今だから言えることですが、当時の私は「この会社のトップに立とう」という大きな志を抱いていました。株主総会まであと1カ月。そこでの取締役就任が内定していたのです。そんな人生の岐路ともいえるタイミングで、私は公正取引委員会から召喚されました。

営業の責任者をしていた私は、会社の代表として談合の疑いを問われることになったのです。それは、「人生これまで」と覚悟を決めた瞬間でもありました。

当時の取り調べは、今でも鮮明に覚えています。刑事事件ではないため、手錠こそかけられませんでしたが、公正取引委員会の捜査権限は想像以上に大きく、取り調べは朝から晩まで続きました。「その日の会合は何人だったのか」「お茶は何人分注文したのか」といった、実に綿密で執拗な質問が繰り返されました。

幸いにも、私は最終的に処分を免れましたが、この経験は、その後の私の人生を大きく変えることになったのです。


日米構造協議を機に、日本の経済構造は劇的な変貌を遂げていきます。わずか2〜3年の間に、それまで「〇〇銀座」と呼ばれ、活気に満ちていた商店街は、400カ所以上が、次々とシャッター通りへと姿を変えていきました。

大手スーパーの進出により、長年地域を支えてきた商店が廃業に追い込まれ、あらゆる業界で再編の波が押し寄せました。企業の吸収、統合、集約により、馴染みの社名が次々と変わっていったのです。

セメント業界も例外ではありませんでした。23社あった会社が大手3社に統合される中、私が勤めていた「大阪セメント」も「住友セメント」との合併により「住友大阪セメント」となりました。合併という予期せぬ出来事に遭遇したため、頂点を目指した私の夢は崩れ、結果的には新会社の常務を最後に身を引くことになったのです。

しかし今になって思えば、この挫折こそが私の人生に新たな扉を開いてくれることになりました。

人生は塞翁が馬である

「住友大阪セメント」を引退後、私は関係会社に移り、関西を代表する外壁材メーカーの社長を務めることになります。定年の65歳まで在籍したこの会社は長年の赤字経営が続いており、社員たちも赤字体質に慣れてしまい、あきらめの空気が蔓延していました。

私は「必ずこの会社を黒字に変える」と固く心に誓い、立て直しに全力で取り組みました。その過程で、「当たり前の経営」という経営哲学にたどり着くことになったのです。

人生とは、まさに「塞翁が馬」。当時の苦難や試練が、後のコンサルタントとしての道を切り拓く礎となり、87歳の今も楽しくエキサイティングな毎日を送れているのです。

一見、**人生最大のピンチに思えた出来事が、実は新たな可能性を導いてくれる。**私にとって、あの談合事件での経験は、まさにそのような人生の転換点となりました。

もし、順調に出世の階段を上っていれば、今頃は引退して、庭の盆栽に水をやる日々を送っていたかもしれません。

「当たり前の経営」との出会い

私のコンサルティングの信念は、「**当たり前のことを当たり前にできる会社にする**」。**そのために「当たり前のことを当たり前にできる社員を育てる**」です。

一見シンプルに聞こえるかもしれませんが、会社の大小に限らず多くの会社は「当たり前のこと」が意外にできていないのです。

みなさんの会社で、こんなことに思い当たることはありませんか？

- **朝、出社しても挨拶をしない**
- **どこでも書かせている日報を全く活用してない**
- **報告、連絡、相談ができない**（できたら超一流企業。ほとんどの会社はできない）
- **朝から晩まで熱心に会議をしているが、決まらない。決まっても実行しない。正**

しい会議の仕方を知らない

- **最初は2割利益が出ると思ったが、終わってみると2割損をしていることが多い**
- **不要なものはあるが、必要なものはどこにあるのかわからない**
- **クレームがあっても自分の机の中にしまってしまう。気がついたときには取り返しがつかない被害を受けていた**
- **意識しないでパワハラやセクハラをしていた**
- **PDCAが作動してないことに気がつかない**
- **顧客を増やすことには熱心だが、不良の顧客を切ることができない**

これらは、すべての点で「チェック機能が働かないこと」が共通の原因です。しかも、それぞれが損益に直結しているのです。つまり、当たり前のことができないために利益が漏れてしまうのです。チェック機能がない会社は社員に横領される例も多いです。

当たり前のことができる社員を育てることによって、こぼれてしまう利益を漏らさないようにすると、会社はおもしろいくらいに業績が上がります。

それでは、当たり前の経営の1丁目1番地である「朝の挨拶」を例に具体的に見てみましょう。

社員が出社してきたとき、みんなが「おはよう」と声をかけ合える会社は、実は驚くほど少ないのです。帰るときも同じことが言えます。「お疲れ様です」というごく基本的な挨拶さえ、日常的に交わされていない職場が多いのが現状です。

では、この基本的な挨拶を定着させるには、どうすればよいのでしょうか。

多くの上司は、「挨拶をしましょう」と号令をかけがちです。

しかし、実はここに大きな落とし穴があります。私は関係会社の経営を任されて、はじめて真実に気づきました。

この会社に来てまず始めたことは「みんなで挨拶をしよう」でした。ニデック（旧・日本電産）の会長の永守重信氏は「**挨拶ができない会社が難しい戦略を考えても無駄である**」と言っています。全く同感であり、いざやってみると簡単にはできないことがわかりました。

社員の中には「照れくさくて今さらできない」とか「挨拶して利益が出るなら苦労はしませんよ」とうそぶく社員もいます。でも、ここでつまずいたら前に進めません。そもそも「なぜ挨拶しないんだ！」という私の怒りは、言い換えれば「なぜ社長の俺に挨拶しないのか」と言っていることと同じです。この考え方そのものが間違いであることに気がつきました。そこで閃いたことは**社長の私から社員に挨拶すればよいのだ、**ということでした。

早速翌朝、彼らの出社時に一人ひとり笑顔で「おはよう」と迎えたのです。すると、2日目から半分以上の社員が挨拶をするようになり、かなり冷ややかに構えていた社員でも4日目には自分から「おはようございます」と言ってくれました。コロンブスの卵ではありませんが「よし！ できた！」と、当たり前の経営の原点をつかむことに成功した最初の体験でした。**指示や命令ではなく、まず自らが行動する。**上からの号令だけでは、挨拶は組織に根付くことはないでしょう。この「当たり前」のことこそが、実は最も難しく、同時に最も効果的な改革の方法なのです。

当たり前のことを当たり前にできる組織づくり。その第一歩は、日々の小さな実践から始まるのです。**どんなに立派な理念も、どんなに緻密な改革案も、毎日の「当たり前」を着実に実践できてこそ、初めて本当の力を発揮する**のです。

たとえば現在はＡＩ・ＩＴ時代ですから乗り遅れたら生き残れませんが、経営の基盤も確かでない会社が導入しても振り回されるだけで活かすことはできません。むしろ混乱してガタガタになる場合さえあります。結論は、当たり前の経営ができた上で、ＡＩ・ＩＴを使いこなせば盤石になります。

私のライフワークにしている「当たり前の経営」は、本流から遠い関係会社から生まれました。この会社に出会わなかったら今はないと思います。

当たり前が実は非凡である

東芝の元会長の岩田弐夫氏は「当たり前のことを徹底すれば非凡になる」と言いま

した。私は、より具体的に「当たり前の経営は、こぼれる利益をできるだけ少なくすることです」と言い換えます。つまり、「**利益をこぼさない**」ことですから、**漏れている原因を見つけて止めれば当初の利益は得られるわけです。**

その例を紹介します。最も利益をこぼしてしまう原因はチェック機能が働かないことです。どんな仕事でも受注するときには採算を考えて利益を上乗せして契約します。ところが多くのケースで、契約後に仕様書の変更が起きたり、資材が高騰したり、思わぬ事故が起きたりして、終わってみれば赤字。そんなことがしばしば起こっていました。

つまり、**多くの仕事は途中で利益が漏れてしまうのです。**当たり前のことですが、漏れる利益を漏れないようにすれば、計画通り利益は確保できるはずです。仕事の節目節目で予算通り進行しているかどうかチェックをして、赤字になりそうなら原因を探り、改善する努力をすれば最小限のマイナスで済むのです。

これを習慣化すれば、利益を積み重ねることができるはずだと考えました。どのような仕事でも、厳密に見積もっても想定外のことが起こるのはやむを得ません。そういった変更が起きるたびに、本来ならその都度責任者に確認すればよいのですが、万年赤字の会社はノーチェックのまま事を進めます。

このようなことが度重なって積もり積もると、気づいたときには2割儲かる仕事を始めたのに、終わってみると逆に2割の損失になっていたりします。原因を究明したところ、チェック機能が働かなかったのです。ですから工程管理はもとより、購買管理にしても予算と違う場合は、上司の許可を得なければ進めないシステムを作りました。それでも網の目をくぐった場合は経理で支払いをストップしたのです。

もう一例は、建設資材を製造する場合、仕様書通りにできないと返品になります。コンクリート製品ですから破棄するケースが多く、返品=大赤字ですので、構造的に儲からないのが当たり前になっていました。欠品をなくすことが利益につながります。原因を究明したところ、人間の持っている弱点に気がつきました。

クレームが発生したら、当事者は責任を追及されることを恐れて、何とか自分で解決しようとします。しかし、時間が経つうちに被害は大きくなり、一人では処理しきれなくなると、部長の知るところとなります。この部長も自分の部内で処理しようと隠します。社長まで届いたときは取り返しのつかない被害になっているのです。

この解決策はいたって簡単で、**できるだけ早くオープンにして関係者全員で対処する、**それだけです。ところがここまでは誰でもわかりますから、「クレームが起きたら速やかに報告しろ」などと言うのですが、守られません。この原因は**恐怖心にあるのですから、その恐怖心を取り除いてやることだと気がつきました。**

そこで「**問題が発生したらその場で報告すれば、ペナルティーはつけない。逆に報告を怠った場合は厳罰にする**」ことを会社の約束にしました。すると、「実は社長！こんなことが」という報告が出るようになり、即、関係者全員が取り組むことができ、損失も最小限で抑えることができました。

するとこぼれていた利益が漏れなくなり、商談が成立した当時の利益が確保できるようになったのです。その上、責任のなすり合いがなくなり、心をあわせて協働する力が生まれました。

ますます当たり前の経営に自信を持ち、「報告・連絡・相談の徹底」「実績の上がる会議の仕組み」「クレーム処理のルール化等を盛り込んで日常業務を改革」「過去のものになってしまった5S（整理・整頓・清掃・清潔・しつけ）の徹底」「実のある日報の書き方」など基本を習慣化していきました。問題は習慣になるまでやり通す力です。これは社長の役割であり、責任です。たったこれだけのことをした結果、20年続いていた赤字が半年で黒字化に成功しました。

このときに「**当たり前のことを当たり前にできる会社にすれば必ず利益は出る**」。**そのために**「**当たり前のことを当たり前にできる社員を作ることだ**」と確信し、「よし！　この技法をコンサルタントのキャッチフレーズにして売り込もう」と決心しました。そのためには本を書いて知ってもらうことが先決だと考え、経営書を専門に出版している同友館に原稿を持ち込み、とんとん拍子で出版の運びになりました。

『当たり前から始めてみよう！　――プラス思考の社長学』が最初の本です。幸いなことにヒットし、1万冊以上売れたことを覚えています。セミナー会社からは講師に、読者からはコンサルの依頼と、開業と同時に順調なスタートを切ることができ、そのままスムーズにお金の取れるコンサルタントになっていたのです。今までにダイヤモンド社などの一流の出版社から7冊出すことができ、一人前のコンサルタントとしてポジションを確保することができました。こうして、念願のコンサルタントという道を、65歳からスタートすることができたのです。

失敗が教えてくれた真のプロフェッショナル像

コンサルタントとして最も印象に残っている失敗。それは、私がこの仕事を始めて間もない頃の出来事です。

ある会社に入って、私は文字通り全身全霊で改革に取り組んでいました。社員一人ひとりと向き合い、体当たりで問題解決にあたります。夜遅くまで現場で社員と議論を重ね、ときには休日返上で企画を練り上げました。とにかく一生懸命だったのです。その熱意が通じてか、次第に社員たちは私のことを慕うようになりました。

「先生、この件についてどう思われますか?」
「先生、ちょっと相談があるのですが……」

気がつけば、社員たちは判断に迷うと、まず私のところへやってくるようになっていました。以前なら社長に相談していたはずの案件まで、私に持ち込まれるようになっていたのです。私は社員たちと一心同体になっていました。

しかし、これが**致命的な過ち**だったのです。

社長の目から見れば、私という部外者が突然現れ、社員たちの心をつかみ、会社の実権を握ろうとしているように映ったに違いありません。次第に社長の存在感が希薄になり、社員が離れていくことを恐れたのです。

「この男に社員を取られてしまうのではないか」

そんな不安と危機感が募っていったのでしょう。ある日突然、私は「先生には大変お世話になりました」と、契約打ち切りを言い渡されたのです。

この失敗から、私は深い教訓を得ました。どんなに素晴らしい改革案があっても、社長の理解と支持がなければ、それは砂上の楼閣にすぎません。コンサルタントとは、スポットライトを浴びる役者ではありません。社長が主役でコンサルタントはあくまでも脇役なのです。社長の想いを理解し、その実現を支援する。社長の求心力を高め、組織全体の力を引き出す。それこそがコンサルタントの本来の役割なのです。

思い返せば、当時の私は自分がスターになることに陶酔していたのかもしれません。社員から慕われ、「先生、先生」と頼られることに、何か誇らしさのようなものを感じていました。当時の私は、自分の存在感や成果を示すことに必死だったのです。しかし、それは明らかな間違いでした。

なぜなら、私は必ず去っていく存在だからです。社長こそが、その会社の永続的なリーダーなのです。真の成功とは、社長と組織の成功にほかなりません。私の役割は、社長がよりよいリーダーシップを発揮できるよう、裏方として支援することにあるのです。

この経験は、その後の私のコンサルタント人生の礎となりました。**社長の考えをよく聞き、その想いに寄り添い、社長が会社の舵取りを確実に行えるよう支援する。**かっこよく振る舞い、社員から喝采を浴びることは、むしろ二流のコンサルタントの証なのかもしれません。真のプロフェッショナルは、主役の影で静かに光る存在なのです。

粘り強さと挑戦で自ら道を開く

20年以上にわたるコンサルタント経験の中で、私なりに「よいコンサルタントの条件」というものを考え続けてきました。

もちろん、基本的な資質は必要です。脱税などの悪知恵を持ち込まないこと、人として器が大きいこと、見栄っ張りでないこと。これらは当然の条件です。

しかし最後の最後で物をいうのは、**コンサルタントと社長との「相性」**なのです。お互いに信頼でき、尊敬の念を抱けなければ、どんな仕事もうまく進みません。長年研鑽を重ね、数々の企業の改革に携わってきて、最後に行き着いた答えが「人の相性」だなんて、あまりにもシンプルすぎる真実かもしれません。けれども、それだけ**「人と人とが惹かれ合う」ことは重要**なことなのです。

「相性」は努力次第で育てることができます。最初は「相性が悪い」と感じても、真摯に向き合い、粘り強くコミュニケーションを重ねれば、必ず道は開けるのです。

結局のところ、それは「信頼関係を築く力」という、コンサルタントにとって最も本質的な能力なのかもしれません。

そして、その力が最も試されるのは、往々にして困難なケースにおいてです。

ある老舗企業での出来事です。社長は典型的なワンマン経営者でした。会社自体は優良企業でしたが、社員は誰も社長に近づこうとしません。そこで私は、あえて逆の戦略をとることにしました。誰もが避ける社長だからこそ、徹底的に接触を図ったのです。

毎朝必ず30分、2人きりのミーティングを設定しました。昨日何があったのか、今日は何をするのか。細かな報告を克明に行い、社長の意見を聞き、必要があれば軌道修正する。これを1日も欠かさず続けました。その結果、誰もが敬遠していたその気難しい社長が、次第に私を信頼してくれるようになり、最終的には副社長という重責まで任せていただけるようになったのです。

このような地道な取り組みは、実は私がサラリーマン時代に学んだ教訓が基になっています。取締役として社長の側近でしたので、私は数多くのトップ経営者と接してきました。とくに上場企業の社長は、尋常でない個性の強さがありました。

並外れた好き嫌いの激しさ、鋭い感性、ときとして常識を超えた判断。怒るときも全力で、今でいうパワハラなどは比較にもなりません。提案書の内容が気に入らないと、目の前で破り捨てられることは日常茶飯事でした。

「こんなことを言ってるんじゃない！」と怒鳴られ、「では、どうすればいいですか？」と尋ねても、「それを考えるのがお前の仕事だろう！」と突き返される。そんな日々でした。

そんな中で私が見出した答えは、シンプルなものでした。どんなに怒られても、1日3回は必ず社長室に足を運ぶ。朝、昼、晩と通い詰める。理不尽に思えても、めげずに通い続ける。当たり前のことのように聞こえるかもしれませんが、実際にやろうとすると、これが想像以上に難しい。恐怖心で足が竦んでしまうものです。それでも、覚悟持って続けることで、必ず道は開けます。1年後には信用してたいていのことは任せてくれました。

私の経験では、むしろ気難しい相手、苦手な相手ほど、この方法が効果的でした。**コミュニケーションの量を増やし、時間をかけ、誠実に向き合い続ける。**その努力の先に、必ず信頼関係は築けるのです。

激変する日本の経営

「明日が楽しみで仕方がなかった」

1960年代から続いた日本経済の黄金期を振り返るとき、多くの経営者がそう懐かしむのを耳にします。私も、その時代を生きた一人として、あの熱気を今でも鮮明に覚えています。

会社に行けば、次々と新しいアイデアが飛び交い、「こんな事業を始めよう」「あの市場に打って出よう」と守りではなく攻めの経営でした。新規事業への投資、新会社の設立など誰もが未来への夢を描いていた時代です。終業後の飲み会は会社持ち。営業に限らず、どこの部署でも仕事が一区切りつくと、盛大に慰安会を開いてお互いの絆を深めたものです。今から考えれば信じられないことですが、会社そのものが豊かであり、当時は極めて自然なことでした。

ところが、バブル崩壊を境に、状況は一変しました。会社は「商品」という意識が強まり、M&Aが日常的になっています。ITの進化により、産業構造は根底から変化し、働き方も大きく様変わりしました。

最も顕著な変化は、「組織から個へ」という流れです。ジョブ型雇用の浸透、起業家精神の台頭、そして働き方の多様化。年功序列や終身雇用という日本的経営の柱は、もはや崩壊しつつあります。個人の能力や専門性が重視され「仕事に人をつける時代」になってきているのです。

少子高齢化が進む中、最も矛盾を感じるのは人材活用です。**「人材不足」と言いながら、60歳や65歳で優秀な人材を放り出すのは大きな矛盾**ではないでしょうか。

とくに気がかりなのは、定年後の再雇用の在り方です。「あなたはもう2流社員です」と言わんばかりの扱い。それまでと同じ仕事をしても給与は半分以下、あるいは「役職についてもいいけど、給料は5割ですよ」といった条件を提示されるのです。

これほど人の尊厳を傷つける話があるでしょうか。日本の平均寿命は男性82歳、女性86歳。**60歳から70歳は、まさに働き盛り**です。経験も豊富で、頭脳も冴えている。それなのに、この貴重な人材が庭の手入れをしているなんて、もったいない限りです。

豊富な経験と実績を持つ人材を、年齢だけを理由に「2流」扱いする。このような考え方は、貴重な人材と知見を無駄にし、日本企業の競争力を低下させることにつながっているのではないでしょうか。

働きたい人は賃金もそのままで定年を75歳まで延長するべきでしょう。もちろん、選択は自由です。**年齢ではなく、能力と意欲で評価する。**それが本来あるべき姿だと思うのです。

同時に、最低賃金の引き上げも必要です。1500円程度まで引き上げ、お金の循環をよくする。それができない企業は、市場から退場せざるを得ません。日本の弱点は、生産性の低い企業まで生かそうとすることです。その結果、全体の賃金水準が下がり、経済の活力も失われています。

さらに、もう一つ見過ごせない課題があります。**女性の力を十分に活かせていない**点です。

女性は男性と同等、いやそれ以上の才能を持っています。論理的な思考力、繊細な気配り、そして斬新な発想力。むしろ多くの場面で、女性のほうが優れた判断や提案をしているのを見てきました。にもかかわらず、いまだに多くの職場で、男女の待遇に差があるのは不思議としかいいようがありません。

「人材が足りない」と嘆く前に、まずは目の前にいる**女性たちが、存分に力を発揮できる環境を整えるべき**ではないでしょうか。ここで必要なのは、男性側の意識改革です。古い価値観や固定観念にとらわれず、真の意味で対等なパートナーとして女性を認める。そして、育児や介護との両立などの課題にも柔軟に対応できる職場づくりを進める。それこそが、人材不足を解消する近道ではないでしょうか。

未来への展望――90歳、１００歳のその先へ

「90歳になっても、１００歳になっても今の仕事を続けるんですか？」

よくそう聞かれます。私の答えは、いつも同じです。「求められる限りは」。

コンサルタントという仕事は、市場が判断を下してくれる仕事です。**クライアントが私を必要としてくださる限り、私は喜んで続ける**でしょう。これまで、ありがたいことにたくさんの会社の業績アップに携わってきました。業績が上がるにつれ、そこで働く人たちの目がキラキラと輝いてくる様子を見るのは、何度経験しても飽きることがありません。

そして今、私には新しい夢があります。生まれ故郷の千曲市を、誰もが「住みた

い」と思える町にすることです。コンサルタントとして培ったノウハウのすべてを注ぎ込んで、この町に新しい息吹を吹き込みたい。豊かな財政基盤を築き、活気に満ちた町づくりに挑戦したい。そのために千曲市がクライアントになってくれる日を楽しみに待っています。

90歳近くなりますと、これからどのように生きようかと、思春期と同じ思いに回帰してきます。迷ったときは、貝原益軒（400年前の江戸時代の本草学者であり儒学者）の言葉を読むことにしています。

「心は楽しむべし、苦しむべからず　身は労すべし　やすめ過すぎるべからず」

心を整理することが人生で最も大事なことだと言われても、煩悩が邪魔をして遠く及びません。

幸いなことに、今はまだ足腰も丈夫で多くの方が声をかけてくださいます。大阪の顧問をしているクラブで気晴らしをすることもできる。人生を楽しむ余裕もある。目の前にある仕事に全力を注ぎ、人との出会いを心から楽しみ、新しい挑戦に胸を躍らせる。そんなエキサイティングな日々を、できる限り長く生きていきたいと思います。

挑戦する人は必ず輝ける

誰にでも、人生の中で壁にぶつかるときがあります。

「この苦境から、どう抜け出せばいいのだろう……」

「もう前に進む力も残っていない……」

そんな声を、私はこれまで多く耳にしてきました。若い方からも、人生の経験を重ねた方からも。年齢に関係なく、誰もがときには道に迷い、立ち止まることがあるのです。

そんなとき、私はいつもこう答えます。
「案外、悩みって小さなものなんですよ」と。

ほとんどの問題が、**生死に関わるような大事ではないこと**です。人生という長い旅路の中で、今直面している困難は、必ず越えられる一つの山です。そして、この試練を乗り越えるたびに、私たちは一回り大きく成長できるのです。

ただ、私自身、実は相当な心配性です。何か重要な局面を前にすると、ありとあらゆる可能性を考えて、徹底的に準備をします。だからこそ、悩む気持ちも、痛いほどわかるのです。しかし、不思議なもので、結果が出た後は、それが成功であれ失敗であれ、スッと忘れることができます。「それはそれで仕方ない」と受け入れられるのです。**悩みは、放っておくとどんどん大きくなってしまいます。**それを小さくする、できればいったん忘れてしまう。そんな努力をしてみると、意外なほど肩の力が抜けていくものです。

そうして乗り越えた経験の一つひとつが、必ず人生を豊かにしてくれるはずです。

なぜなら、私自身がそうして今日まで歩いてきたのですから。87年の人生を振り返ると、そこには数えきれないほどの失敗と挫折がありました。

でも、今になって思えば、その数々の出来事が私の人生を彩る大切な財産となっています。たとえ今、深い闇の中にいるように感じても、決して希望を手放さないでください。明日という日は、必ず新しい可能性を連れてやってきます。だからこそ、87歳になった今も、私は立ち止まることなく、新しい挑戦を続けることができるのです。

4

北の大地から世界へ！「どさんこ魂」で切り拓く農業の未来

北原陽介

YOSUKE KITAHARA

株式会社リーフ　代表取締役社長

１９８０年、北海道北広島市生まれ。札幌市立高専インダストリアルデザイン学科卒業後、２００７年に個人事業主として独立。２０１４年に法人化し、施設園芸の本場・オランダのスマート農業を取り入れた施設の設計・施工を行う。２０１９年より政府開発援助（ＯＤＡ）に参加し、南米・南アフリカのハウス建築も支援。２０２２年からは農畜産物の販売コーディネートなど、「食」の一次産業を支える事業も行っている。

北海道から世界に挑む

私はもともと起業家を目指していたわけでも、明確な事業プランを描いていたわけでもありません。ただ新たな道を切り拓き、挑戦し続ける人に影響を受け、そんな生き方に憧れを抱いてきました。

この「フロンティアスピリット（開拓者精神）」こそが、私の人生の原動力です。

1980年、私は北海道北広島市で生まれました。

2007年に個人事業主として事業をスタートし、2014年に株式会社リーフを設立。当初は小規模な温室の設計から始まり、少しずつ実績を積み上げていきました。今では温室をはじめ、育苗施設、畜舎や堆肥舎、穀物の乾燥室、農機具の格納庫まで農業に関わるさまざまな施設の設計・施工を手がけています。

２０１２年には、東日本大震災の復興支援にも参加しました。宮城県亘理町での「いちご団地」プロジェクトに携わり、さまざまな業者と手を組み、被災地に大型ハウスを建てる事業を無事に成し遂げることができました。

今、とくに力を入れているのが、高度なノウハウを持つオランダの技術導入です。オランダはいわゆる「スマート農業先進国」として知られており、デジタル技術や効率化の面で注目を集めています。この革新的な技術を日本にも広めるべく、北海道はもちろん、果ては九州まで、生産者の方々の挑戦をサポートさせていただいています。

２０１９年以降は、活動の場を世界へと広げ、政府開発援助（ＯＤＡ）にも参加。南米・南アフリカでのハウスの建築支援を通じて、国際支援の新たな形を模索しています。さらに、２０２２年からは農畜産物の販売コーディネートから商品デザインまで、「食」を通じた一次産業支援も行っています。

今は経営者ですが、個人事業主の頃から私の根っこにある考え方や姿勢が大きく変わることはありません。

コロナ禍で掴んだチャンス

「リーフさんにお願いできませんか？」

その言葉を聞いた瞬間、私はこう思いました。「このチャンスは絶対に逃せない」と。

私はある時期から、オランダの農業施設に興味を持ち始めました。オランダは国土が狭いため、限られた空間を最大限に活用する技術が発達しています。

とくに温度や湿度、日照量、施肥などを自動制御する「スマート農業」が盛んな国。その最先端技術を日本に取り入れ、安定した農業環境を実現し、省力化や収穫量の増加につなげています。

たとえば、水やりや温度管理といった手間のかかる作業はなるべく機械化する。収穫した作物がカートに一杯になったら、自動で空のカートが届く仕組みを取り入れるなどの工夫で、作業効率を大幅に向上させることができます。

こうしたオランダの農業施設の仕組みを学ぼうと、多くの日本人が現地を視察していました。しかし、いざ日本で工事する段階になると、オランダから職人を呼び寄せるのが当たり前になっていたのです。

日本人に工事は任せられない――。そんな根強い偏見に、私はずっと違和感を抱いていました。日本の建築技術は世界でもトップレベルです。それなのに、オランダの職人しかできないと決めつけられることに納得がいかなかったのです。

とはいえ、小さな会社でできることは限られます。当時は社員数も少なく、最初から全部を任されることは現実的に難しい。それでもオランダから来た職人をサポートしながら、現場で得られる知識を身につけていきました。

転機となったのは、新型コロナウイルス感染症の流行です。海外の職人たちの来日が難しくなり、日本国内で対応できる業者が求められたのです。このとき、「リーフ」に声がかかりました。初めて、大規模なオランダ式農業施設の施工を一貫して任されるチャンスをいただいたのです。

オランダ式の施工は日本とはプロセスが異なり、材料の調達にも時間がかかります。大規模な工事であればあるほど、工期はタイトになり、全体像をしっかり把握しながら最適な仕組みを構築していかなければなりません。日本の慣れていない業者であれば、通常7カ月で終わる工事が大きく遅れてしまうこともありました。

しかし建築は、基礎がなければ柱は立たない、柱がなければ屋根はかけられないという「当たり前」の連続。この当たり前を順序よく、計画通りに進めることが、工期短縮と品質向上につながると私は考えました。その結果、現地の職人にも負けないスピード感で完成させることができたのです。

当時、大規模なオランダ式農業施設の施工を完成させたのは、国内でも珍しいことでした。この経験は、今でもリーフの実績の柱になっています。

国際支援で訪れたボリビアの地で

２０１９年以降になると、私は政府開発援助（ＯＤＡ）を通じて国際支援にも関わるようになりました。

ある日、南米・ボリビアで2カ月間のプロジェクトに参加する機会を得ました。森林科学を学ぶ現地の大学で、温室の建設工事で指揮をとるスーパーバイザーとして派遣されたのです。

航空機を乗り継ぎ、約50時間の大移動。ボリビアは、アマゾンの熱帯地域からアンデスの山岳地帯が広がる、標高差の大きな国です。私は大学の研究用に計画されていた、樹木の苗木を育てる温室工事の指導を任されました。

ボリビアと日本では建築の考え方がまるで異なります。地震の多い日本では、頑丈な構造物を設計しますが、地震がほとんどないボリビアではブロックを積み重ねただけの建物が多いのです。工具や機械の種類も日本とは異なり、現地のやり方に適応する必要がありました。

幸いにも、私は工具や機械を扱うのが大好き。海外の建築事情もしっかりリサーチしていたので、滞りなく作業を進めることができました。

ただ一方で、現地の人々とのコミュニケーションには苦労しました。突然現れて指導をはじめた日本人を、彼らがすぐに受け入れるはずもありません。だからこそ私は、「対等な立場」で接することを常に心がけました。

すると、私の熱意を感じ取ってくれたのか、いつしか兄弟のような関係性になれたのです。別れ際に彼らが見せたハグでの感謝は、言葉以上の思いを伝えてくれました。異国の地で、味わったことのない喜びが込み上げたのを覚えています。

もう一つ印象深いエピソードがあります。

実は、現地で戦後の日本人移民の歴史に触れる機会がありました。ボリビアには日本人の移住地が2カ所あり、そのうちの1カ所を訪問し、自治会の理事を務める方から当時の話を聞くことができたのです。

しかし、それは私の想像を遥かに超える過酷なものでした。

かつての移民たちは列車とトラックで運ばれた後、突然ジャングルの手前で降ろされたそうです。そこから100km先に入植地があると告げられ、道なき道を、リヤカーを引きながら進まなければなりませんでした。

木を切り倒し、森を焼き、ゼロから畑を開拓していく。戦後の日本で土地を持てなかった人々は、海外での土地所有という夢を抱いて渡航しました。しかし一部の移民者は、約束された「楽園」とはかけ離れた開拓生活が待っていたのです。当時の白黒写真からも、その苦労がひしひしと伝わってきました。

しかし、かつてジャングルだったその場所は、今や数百人の人々が暮らす立派な集落として発展しています。

困難に直面しながらも、新天地を切り拓いた先人たち。その心意気に、私は深い感銘を受けました。まさか自分と同じ日本人が、地球の裏側でそんな偉業を成し遂げているとは思わなかったのです。

実は、私の祖父は北海道の開拓団の団長を務めていた一人です。そうした祖父の影響も、少なからずあったのかもしれません。私自身も、「フロンティアスピリット（開拓者精神）」という言葉を聞くと、胸の中に熱いものを感じます。

「信頼」こそ、ビジネスの土台になる

事業の拡大において、私が最も大切にしてきたのは信頼関係の構築です。

どのような現場でも手を抜かず、自分たちの利益だけでなく、元請けやお客様の利益も考えて仕事をする。その姿勢を貫いてきました。

人の信頼を損なうようなことはしたくない――。

これは私の曲げられない信念・価値観かもしれません。私は自社だけが儲かるような働き方や、人から後ろ指を指されるようなマネは絶対にしたくありません。堂々と胸を張って生きられる人生を歩みたいのです。

ありがたいことに、この姿勢が実を結び、メーカーや販売店、農家や農業生産法人の方々との関係も深まっていきました。

今や業界の中でも「情報通」として知られ、「良い商品を知らない？」と相談を受けることも増えました。良い商品は積極的に紹介し、問題のある商品についても正直に伝える。こうしたコミュニケーションが評価され、今ではコーディネーターとしての役割にもつながっています。

もちろん情報通になることで、自身の事業にもプラスに働くのは自然なこと。しかしそれ以上に、「どうやったら相手にメリットや利益をもたらせられるか？」という視点も忘れたくないのです。

自分の能力を過信しない

実は、私の会社には「自社オリジナル」と呼べる商品はまだありません。「自分らしさ」や「独自性」を無理に追求するより、業界内で実績をしっかり積み上げ、信頼を得ることを優先してきたからです。

これは、私が自分の能力をあまり過信していないからだと思います。世の中には、素晴らしい技術者がたくさんいます。日本の伝統文化や建築技術にしても、何十年、何百年もの間、先人たちが改良を重ねて築き上げてきたもの。それに匹敵する技術を、自分一人で生み出すことは到底できません。

だからこそ、私は人の優れた部分や技術を「素直に取り入れる」ことを大切にしてきました。その選択の連続が、自分の技術や取り組みの質を高めていけると考えたからです。

とくに仕事への向き合い方や、クレームを出さない徹底した品質管理にはどこにも負けません。オランダ式の施設園芸の技術においても、「日本一」という自負があります。

その結果でしょうか。ありがたいことに、最近ではリピートや紹介もいただけるようになり、「またリーフさんにお願いしたい」と声をかけていただく機会も増えました。少しずつですが、信頼の輪が広がっていることを感じます。

思い返すと、独立直後の状況はまるで違いました。実績もなければ、名前も社名も知られていない中で、「いい仕事をするので、うちを使ってください！」と地道に営業する日々。100件中1件でも「試してみようか」と応じてくれるクライアントがいれば成功という厳しい状況でした。その1件に誠心誠意向き合い、全力で応えてきたつもりです。その積み重ねがあって、今があります。

「金は天下の回り物」という言葉があります。これは、「お金は一人のところに留まっているわけではなく、世の中をぐるぐる回るものだ」という意味です。サラリーマンの給料は会社の売上から支払われているので、自分の給料分の利益を出すのは当然のことでしょう。

また、会社が儲かっていないのに高い給料を望むのも違うと私は思います。その会社にいる限り、何かしらの利益を出そうと一生懸命努力したり、工夫したりする姿勢が大切なのではないでしょうか。

下請けであれば、元請けにしっかりと利益を残し、その中で自分たちの利益を得る。元請けとして仕事をするなら、お客様のメリットを第一に考える。

こうしたサイクルを回していけば、必然的にお客様は増え、リピーターも付いてくると思います。私の会社もそうしたサイクルが自然とできあがり、そのおかげで事業を少しずつ拡大することができました。

とはいえ、経営者として足を止めることは許されません。従来のやり方だけでは頭打ちになるとも感じています。今まで築いてきた土台は大切にしつつ、より良い事業の可能性を探り、新たな挑戦はこれからも続けていきたいです。

社員の幸せが会社を強くする

事業は順調に拡大していきましたが、法人化に踏み切った2014年は試練の年になりました。

期待に胸を膨らませ、これからという時期に社員から退職の申し出が続いたのです。中には無断欠席や、何の連絡もなく退職してしまう人もいました。

なぜ自分のもとから人が離れていくのだろう――。当時、「社員は皆自分についてきてくれるはずだ」と信じていましたが、現実はそんなに甘くはありません。

振り返ると、当時の私は「仕事を早く終わらせる人がかっこいい」「危険な仕事をする人がかっこいい」という価値観を当たり前のように抱いていました。

でも、今ならその考え方は「誰も幸せにしない」と断言できます。

その考えに至ったのは、付き合いの長い専務が結婚をして、子どもを授かったことがきっかけでした。子どもを愛おしそうに抱く専務の写真を見て、「自分のやり方は本当に正しいのだろうか」と疑問が湧いたのです。

もし専務が仕事中に怪我でもしたら、その家族が悲しむのは当然です。専務だけではなく、社員たちが次々に家庭を持つ中で、私の価値観は少しずつ変化していきました。

「もし社員に無理をさせて何かあったら、家族に謝っても謝りきれない」。そんな思いが、深く心に刻まれたのです。

それ以降、優先順位が明確になりました。社員の安全と幸せを守ること。これこそが、会社を経営する上で一番大切なことだと思っています。

その一環として取り入れているのが、キャンピングカーの貸し出しです。家族との時間も大事にしてほしくて始めた取り組みですが、それだけではありません。

建設業界には「休みが少ない」「マナーが悪い」といった偏見が残っている風潮があります。けれども、建設業は人々の生活の基盤を支える重要な仕事です。社員たちがその価値を誇りに思い、胸を張って働ける環境を整えることも私の役目です。

また、子どもの参観日や運動会といった行事には、社員が有休を取れる体制を整えています。家族との時間が充実すれば、自然と仕事へのモチベーションも高まります。

もちろん、会社が成長しなければ社員の生活も豊かにすることはできません。それは、社員にも正直に伝えています。その上で、努力に見合った評価をする。肩書き一つとっても、誇りを持てるような成長の場をつくりたいのです。

個人事業主から経営者に転身し、10年が経ちました。

この10年間、ともに歩んできた社員との関係性を通じて、私が学んだのは「誠意を持って接すれば、人は変わる」ということです。

これは、海外の現場で異文化の人々と接する中でも学んだ教訓です。言葉が通じなくても、相手に誠実であれば信頼関係は築ける。同様に、社員と信頼を育むには、こちらから相手を思いやる姿勢が大切だと感じています。

私は経営者という立場上、社員たちにあまり弱みは見せられません。どちらかというと、「君たちの道はつくる。困難があれば私が矢面に立つから、安心してついてきてほしい」というスタンスで接しています。

そのおかげか、社員たちは自発的に働き、私や会社を支えてくれています。彼らの人生に関わる責任は大きいですが、それ以上に大きな喜びを感じています。

「農業×福祉」で新たな価値を創造する

「農業×福祉」――この2つの分野を融合させることが、私の今の挑戦です。

農業には自然とともに働く喜びがあり、福祉には人を支える力があります。この2つを結びつけることによって、社会に新たな価値を創出できないかと私は考えました。

この考えに至ったのは、私自身の経験がきっかけでした。

40代で初めて子どもを持つことになり、高齢出産に伴うリスクについて考える機会があったのです。障害を持つ方々の多くは、そのご家族も含め、生涯にわたってさまざまな支援を必要としています。親がいなくなった後も、安心して生きていける社会が求められているのです。

実は、障害を持つ方々の潜在的な労働力は2兆円規模にも及ぶと言われます。しかし、それが十分に活用されていない現状があります。その事実を知ったとき、私は、彼らがただ「支えられる存在」としてではなく、「自分の力で生きる喜びを感じられる居場所を作りたい」と考えるようになりました。

障害を持つ方々にとって重要なのは、健常者と同じフィールドでも挑戦できる感覚だと思います。自らの力で稼ぎ、努力した結果として報酬を得る。こうした成長の実感は、本人だけでなく、その家族にも安心感をもたらすはずです。

たとえば、農業の現場を活用し、障害を持つ方々が育てた野菜にブランド価値を付ける仕組みを整える。これにより、農業が単なる労働の場ではなく、彼らが自立を目指すステージへと変わります。

私の故郷、北海道北広島市の西の里地区は、福祉に理解のある街です。ここには障害者の授産施設や児童の養護施設などが多くあり、障害を持つ方々と関わりながら生活できる環境が整っています。

この地区の理念である「ノーマライゼーション」は、障害がある人もない人もともに生きる社会が「普通」であるという考え方が根付いています。

生きていれば、困難に直面することは誰でもあります。それは、障害を持って生まれた子どもも同じです。障害を持つ子どもの親は、「自分たちがいなくなった後の現実」を想像します。「一生、子どもの面倒を見てあげられない」という思いを抱えながら人生を終えることほど、親としてつらいことはありません。

誰であっても、生き生きと自分の役割を果たせる社会にする。これは、きれいごとだけで実現する夢ではありません。だからこそ、農業というビジネスを通じて持続可能な仕組みを築いていきたいのです。

アフリカでのさらなる挑戦

もう一つの挑戦が、アフリカでの事業展開です。

海外の現場は、新型コロナウイルス感染症の影響で一時中断していました。しかし2023年、アフリカ南部のボツワナでもスーパーバイザーを務めることができました。

海外に足を踏み入れると、必ずと言っていいほど「コミュニケーションの壁」にぶつかります。初めて訪れたボツワナでは、私はこの壁を「熱意」で超えた気がします。もちろん、言葉は噛み砕いて説明し、文化や価値観を尊重しながら伝えようと努力はします。けれども、それだけで心を開いてもらうことは難しい。一番は私の「熱意」が届いたときに、彼らの発言や行動が変わったと感じています。

実はボツワナ人は、「仕事を好んでしない」と噂で聞いていました。どうしたら労働に前向きになってくれるのか、自分なりに試行錯誤した結果、「こんなにボツワナ人が働く姿を初めて見た！」と周囲に驚かれました。

このとき、私が繰り返し伝えたのは、「この国の未来をつくるのは君たちなんだよ」というメッセージです。今の取り組みが、未来にどんな影響を与え、自分たちの暮らしをどう変えていけるのか。それを知ってほしかったのです。

海を越えた活動は、私の可能性を広げてくれました。日本だけが選択肢ではないし、海外にせっかく行くならば、途上国の支援にもっと関わっていきたい。今は自然にそう思えるようになりました。今後は現地の人々を日本に招き、農業研修を行うなど、幅広い活動に力を入れていくつもりです。

挑戦できない理由はない！

私にとって「かっこいい」生き方とは、新しいものに挑戦し、道を切り拓いていく姿勢そのものです。

「胸を張って生きること」
「後ろめたい生き方をしないこと」

これらも私の人生の信条です。

そして、私が夢に挑戦したい人に伝えたい言葉はただ一つ。
「ビビっていないで、とにかく挑戦してほしい！」

途上国に行くと、私たちが日々当たり前と感じていることが、当たり前ではない現実に直面します。たとえば、ボツワナではいまだに電気や水道が整備されていない地域があります。障害を持つ方々が、物乞いをして生活せざるを得ない現実も無視できません。

それでも彼らは明るく、前向きで、自分たちの生き方に誇りを持ちながら生きています。

そして、いつどんなときも、幸せに満ちた笑顔で私たちに声をかけてくれるのです。

それに比べ、日本では一定水準以上の生活が守られています。食べ物も豊富にあり、インフラが整い、生活に困ったときは社会福祉制度の支えもある。こんなにも安全で、恵まれた環境で挑戦をためらう理由がどこにあるでしょうか。

私たちはもっと自由に、もっと気軽に新しいことに挑戦していいはずです。

私自身、新たな経験を積むことに対する好奇心は強いほうだと思います。でも、もしそのような生き方を望むなら、人やルールに縛られた環境では自分の力は十分に発揮できないと思っていました。

東日本大震災の復興支援を決めたときもそうでした。あの未曾有の災害を目の当たりにしたとき、「自分にできることは何か」「自分は今、何をしたいのか」を考えて、すぐに行動に移したのです。

自分が「こうしたい」と思ったら、その気持ちに素直に従い、とにかく挑戦してみる。やらない理由を探す必要はありません。答えはいつも、シンプルなのです。

自分らしくいられる居場所を探す

とはいえ、何かに挑戦するとき「不安」を感じる人もいるでしょう。

実際、日本人は遺伝的に不安を抱えやすいとも言われています。これは、災害の多い日本ならでは特性かもしれません。確かに、不安は危険を回避するために役立ちますが、ときに挑戦を阻む要素になり得ます。

不安に押しつぶされそうなとき、「居場所」を見直すことも大切です。与えられた居場所ではなく、自らの意思で決めた場所こそが、本当の自立につながる可能性が広がります。

たとえば、日本だけでなく、活動の場を海外に広げるのも私はいいと思います。日本には「空気を読む」という独特の文化があります。けれども、空気を読めない人やコミュニケーションが苦手な人、個性が強いとされる人にとって、日本社会はときに息苦しく感じるかもしれません。

一方、海外に目を向けるとどうでしょうか。海外では空気を読まなければならない、読めない人は悪だ、という見方はほとんどされません。礼儀や気配りは大切にされていますが、「言わなくてもわかるだろう」といった暗黙の了解に縛られるのは少ないのです。そうした自由な環境は、日本で居場所を見つけられなかった人にとって、心を解放する場所になり得ます。

不安を感じ、視野が狭くなることによって、「居場所がない」と塞ぎ込んでしまう。これほどもったいないことはありません。
自分らしくあるためには、どんな場所で、どんな人に囲まれて、何をして生きていきたいのか。その選択肢は無限にあることを忘れないでください。

自分らしくいられる居場所を探す

私たちが挑戦する道のりにおいて、出会いの力は計り知れません。

心から「かっこいい！」と感じられる人々との出会いは、私に数えきれないほどの刺激と気づきを与えてくれました。

「経験値が少ないまま人生を終わらせたくない」――これは、私がずっと抱いていた昔からの願いです。海外での活動を決断したのも、この思いが根底にあったからだと思います。

何より、人生の大切な節目で出会った「かっこいい人」の存在が、私の背中を押し続けてくれました。彼らに共通していたのは、何かに挑戦する姿です。

夢を叶えるまでの熱意、努力、そしてひたむきさが、その「かっこよさ」を形作っていたのだと思います。その過程で不安を抱くことは、人間であれば避けられませんが、それでも望む未来を取りに行く。そんな勇気もときには必要かもしれません。

そして、未知の土地に飛び込み、新たな道を切り拓いた先人たちの生き方も、私にとっては大きな憧れでした。

かつての開拓者がそうであったように、私たちも新たな農業の可能性を追求し、もっと発展させていきたい。北海道の地で受け継がれてきた「フロンティアスピリット（開拓者精神）」を胸に、これからも世界に挑み続けます。

第4章 北の大地から世界へ！「どさんこ魂」で切り拓く農業の未来

5

生と死の境で見つけた不屈の魂

平田和文
KAZUFUMI HIRATA

株式会社アルプス警備保障　代表取締役
／冒険家

１９５５年鹿児島県屋久島生まれ。陸上自衛隊旭川駐屯地での勤務を経て、奈良県奈良市そして長野県松本市へ移住。冒険家として南半球最高峰アコンカグア（６９６０ｍ）に挑戦。命の危機を乗り越え生還する。日本百名山を66日間で完登する最速記録を樹立。資本金ゼロから株式会社アルプス警備保障を創業、ビジネスホテル「サザンクロスイン」を経営。２０２０年、屋久島にUターンし、翌年に屋久島町議会議員選挙出馬。現在も地域振興と文化活動を精力的に展開。

屋久島から始まった果てなき挑戦

木々のざわめきと潮騒に包まれた屋久島。真っ青な空の下、裸足で駆け回った記憶が、今も鮮やかによみがえります。

1955年、私は屋久島に生まれ、島の自然とともに育ちました。

本土では、どの家庭にもテレビがある時代。都会から10年遅れた時代を生きていた私たちの島では、それは特別な存在でした。まだほんの一部の裕福な家庭にしかなく、夜になると、テレビのある家に子どもたちが自然と集まり、箱の中の未知の世界に目を輝かせたものです。

学校への道すがら、私はいつも裸足でした。小学生の頃は、島ではそれが当たり前だったのです。中学生になって初めて「靴を履きなさい」と言われるまで、大地の感触を直に感じながら毎日を過ごしていました。

自然の地形を肌で感じ、危険を本能的に察知する感覚。**素足で大地を感じる経験は、後の人生で私を冒険へと導く大きな力となりました。**

目の前に広がる海は私たちの遊び場であり、食卓を潤す恵みの源。泳いで魚を追いかけ、岩場で貝を探す。そんな日々が、自然とともに生きることの歓びを教えてくれたのです。

野山もまた、格好の遊び場でした。野イチゴを摘み、ときには山の幸を探して道なき道を進む。遊び場は常に自然の中にあり、私は島の四季の移ろいとともに成長していきました。

夜の闇もへっちゃらでした。島に電気が届くまで、私たちの生活はランプの明かりだけ。月明かりを頼りに歩く術は自然と身についていきました。**暗闇の中でも道を見失わない**――それは後の冒険家人生を支えた、屋久島からの贈り物です。

山があり、海があり、豊かな緑に囲まれた暮らし。

両親からいただいた健康な体と、屋久島の自然が育んでくれた逞しさ。それが私の原点です。

来年70歳を迎えますが、今でも屋久島から長野県まで年に100回ほど車で往復しています。長距離運転を何とも思わない体力も、あの頃の自然との触れ合いが育んでくれたものなのでしょう。

屋久島で過ごした日々は、電気も、テレビも、舗装された道路もなく、都会の便利さとは無縁の暮らしでした。その中で、海の青さと山の緑が私の心を豊かに彩ってくれました。**自然とともに生きることの素晴らしさを、島は惜しみなく教えてくれた**のです。

南半球最高峰、アコンカグアへ挑む

屋久島で培った私の冒険心は、次第に大きく育っていきました。陸上自衛隊での勤務を経て、私は1999年に北アルプスの麓、長野県松本市に移り住みました。幼い頃から屋久島で磨いた自然を読む力。それは自衛隊での厳しい訓練を乗り越える礎となり、やがて日本の山々への深い憧れへと変わっていったのです。

２０００年の夏に「日本百名山」踏破を計画していた私は、その準備期間となる冬を無駄にしたくありませんでした。日本の厳冬期は、南半球では真夏。この季節の違いを活かさない手はありません。そこで私は、南半球最高峰の山、アコンカグア（６９６０ｍ）への挑戦を決意しました。

死の淵での目覚め

「今夜は星がきれいですね」

標高４３００ｍ、アコンカグアのベースキャンプ。私は息を呑むような満天の星空の下で、偶然出会ったパトロール隊員と何気ない会話を楽しんでいました。北半球では決して見ることのできない星座の数々。南半球と北半球の星座の違いを語り合い、時間を忘れて見上げた空の深さは、今でも鮮明によみがえります。その静謐な星空の下で、私は自分の命が危機に瀕することなど、想像すらしていませんでした。

翌日、1000mほど上の地点にテントを張り、降りしきる雪を払い落としていたときでした。徐々に体に異変を感じ始めた私は、通りかかったパトロール隊に助けを求めました。

「1人では無理だから、仲間を呼んでくる」

パトロール隊のその言葉を聞いて安心したのか、私は静かに横になりました。それが私の最後の記憶です。

目を覚ましたのは5日後、アルゼンチンの病院のベッドの上でした。看護師が日本大使館に連絡してくれて、私はことの顛末を知らされました。高山病で倒れた私をパトロール隊が救出してくれたのです。私の両足は凍傷で切断の危機だったこと、さらに全身が植物状態に陥る可能性もあったことを告げられました。

不思議なことに、眠っていた5日間は、苦しみや恐怖ではなく深い安らぎの中にいました。死は多くの場合、恐怖や痛み、別れの悲しみ、そしてときには激しい痛みをともなうものです。けれども、**私が体験した死の淵は、まるで穏やかな眠りのようだった**のです。パトロール隊の救助がなければ、私はそのまま永遠の眠りについていたことでしょう。それは意外にも穏やかで、安らかな最期だったのかもしれません。

生と死の境で見た夢

1年の療養を経て、私は再びアコンカグアに向かいました。「救助してくれたパトロール隊への感謝を伝えたい」「もう一度、アコンカグアに挑戦したい」という思い。そしてもう一つ、確かめたいことがあったのです。

眠っていた5日間、私は不思議な夢を見ていました。まるで1本の長編ドラマのように、克明な記憶として今でも心に残っています。

夢の中で、私はアンデスの山賊たちにとらわれていました。縄で縛られ、馬の背に投げ乗せられる。「お前をアメリカに売り飛ばして金にしてやる」。揺れる馬の背の上で、意識が薄れていくのを感じました。

そして突如、私は馬から振り落とされ、地面に叩きつけられたのです。激しい痛みと耐え難い苦痛の中で、私は山賊の腰に下げられたナイフに手を伸ばします。「死ぬしかない」。私が切腹しようとしたそのときです。「ここは聖なる山だ。血で汚してはならない」と制止する声が聞こえました。

夢はまるで記憶のように鮮明でした。あまりにも生々しく、現実と見紛うほどの夢に、私は戸惑いを覚えていました。夢と現実の境界——それを確かめるため、私は再び山へと向かったのです。

当時のパトロール隊と再会したとき、彼らの語る真実に私は震えました。意識を失っていた私の体は、零下の雪の上を裸足で歩き回っていたというのです。そして、登山ナイフを手に取って切腹しようとしていたのだと。現実は夢と、不思議なまでに重なり合っていました。

私は、通常なら立つことすらできない状態だったのに、何かに導かれるように歩き続け、そして最後の覚悟として切腹を選んだ。日本人の武士の精神や大和魂のようなものが、心の奥底に宿っているのでしょうか。極限状態で現れる本質的な自分。それはともすると、自分の想像をはるかに超える姿を見せるのかもしれません。

安全な日常か、命懸けの冒険か

アコンカグアへの挑戦後、私を待っていたのは離婚でした。大使館から「車椅子の生活になる可能性もある」という連絡を受けた妻は、そんな危険な人生には、これ以上ついていけないと決断を下したのでしょう。しかし、**私にとって、命をかけない状況は冒険とは言えない**のです。

安全で平穏な日常。それは確かに大切なものかもしれません。一方で、私の心は常に未知なる世界を求めていました。私は、**死に直面するような極限状態でこそ、生命の鼓動を強く感じることができる**のです。

夕暮れどきの山頂は、この世のものとは思えないほどの美しさに包まれます。

遥か彼方に沈みゆく太陽、刻一刻と変化する空の色、澄み切った空気、そして果てなく広がる地平線。その景色を一度見てしまうと、もう忘れることができない。体は疲れ果てていても、心は不思議なほど清々しい充実感に満たされる。この感覚をもう一度味わいたい。その思いが、私を次の山へ、また次の山へと向かわせるのです。

バブル崩壊後に資本金ゼロの状態から立ち上げた警備会社の経営も、ある意味で同じ景色を見せてくれました。場合によって経営者は、従業員の生活を守るために、自らのすべてを賭けた決断を迫られます。会社の存続か、経営者としての命運か。経営もまた、究極の冒険なのです。

試練の裏側に「幸せ」はある

私はこれまでさまざまな冒険を経験し、数えきれないほどの困難に直面してきました。その中で、試練との向き合い方について確信めいたものが見えてきたのです。

まず、**困難に直面したときに大切なことは、「慌てないこと」**です。誰でも壁にぶつかれば動揺します。不安と焦りで心が押しつぶされそうになり、次の一歩が踏み出せなくなる。そんな経験は誰にでもあるはずです。けれども、そこで冷静さを失わないことが、道を切り拓く第一歩となるのです。

試練や困難を多く経験していると、不思議と免疫力のようなものが身についてきます。「あのときも大変だったけれど、乗り越えられた」という過去の経験が、今直面している困難を小さく感じさせてくれるのです。

さらに経験を積むと、より素晴らしい変化が訪れます。**困難や挫折を、一種の心地**

よい刺激として受け止められるようになるのです。まるで古い友人との再会のように、「また来たのか」と苦笑いをしながらも受け入れられる。そんな境地に至ることさえあります。退屈な日常に彩りを添える刺激として、むしろ歓迎できるようになるのです。

私にとって困難は、決して悪いものではありません。**悪いことが起きた後には、必ずよいことが訪れる**からです。ある本に、「悪いことと良いことは背中合わせ」と書かれていました。困難な状況の向こう側には、必ず「幸せ」が待っているものです。

試練の裏側に「幸せ」があるのだとすれば、いかにその試練を突破していくかが、幸せに生きるための秘訣になるでしょう。**楽な人生を歩みたいと思い、試練から逃げてばかりいる人は、結局、本当の「幸せ」には出会えない**のです。

内側から若返る生き方

古来の武道には、「心を水鏡のようにする」という教えがありました。澄んだ水面のように心が穏やかであれば、すべてをありのままに映し出すことができます。逆に心が騒がしければ、物事を正しく見極めることも、適切な判断を下すこともできません。

良いときも悪いときも含めて、この平安な状態を保ち続けることが大切なのです。

数々の試練を乗り越え、私がこの境地に至ったのは60歳を過ぎてからでした。周囲からは「若返った」と言われ、かつては自分の講演映像を見返すのも嫌だった私が、今では自分の話し方や表情に好感が持てるようになりました。

同級生たちと古希の同窓会を計画していますが、9年前の還暦同窓会のときと比べ、多くの人が体力の衰えを感じているようです。

その中で私は、むしろ充実感を増しています。それは単なる体力の違いではありません。内側から湧き出てくる輝きのようなものが、体にもよい影響を与えているのだと感じています。

年齢を重ねることは、必ずしも衰えを意味しません。

むしろ内側から輝きを放つような、新しい生き方が可能なのです。それは試練を重ねることで得られる深い境地であり、仏教でいう「悟り」に近いものかもしれません。試練を恐れず、それを受け入れ、慌てず、平常心で乗り越えていく――その先には、自身の成長と幸せが待っているのです。

太陽はいつも輝いている

アコンカグアで意識を失ったとき、私は完全な暗闇の中にいました。しかし、目覚めてみると、真っ先に目に飛び込んできたのは、病室の窓から差し込む明るい光だったのです。

人生の危機に直面すると、私たちは「もうここから先はない」と思い込みがちです。けれども、私の経験から言えることは、暗闇は永遠には続かないということ。**どれほど厚い雲に覆われていても、その上では確かに太陽が輝き続けている**のです。

常に晴れた日が続くことが、本当の幸せでしょうか。

灼熱の太陽が照りつける毎日では、むしろ生命は枯れてしまいます。ときには雨が降り、私たちを試練に遭わせる。

でも、その雨こそが大地を潤し、新しい命を育んでいく。屋久島で過ごした幼少期に、私は自然からそのことを学びました。困難な雨も、見方を変えれば恵みの雨となるのです。

今、人生で雨に打たれているとしても、決して希望を失わないでください。その試練は、きっと何かを育むための糧となるはずです。

危機に直面し、目標への道を断念せざるを得ないこともあるでしょう。でも、それは終わりではありません。むしろ、新たな始まりなのです。

太陽は常にそこにあって、私たちの再起を待っているのですから。

若き挑戦者たちへ

「君にはまだ早いんじゃないか」

「そんな危険な挑戦はやめておけ」

こんな言葉を、一度は耳にしたことがあるのではないでしょうか。そして、耳の痛い忠告に従って、大切な何かをあきらめてしまったことはありませんか？

「安全な道」か「挑戦の道」か。

この選択に迷ったとき、私は常に後者を選んできました。その選択は周囲の反対を受けることもあれば、失敗を経験することもありました。しかし、今振り返ると、その一つひとつが私の糧となっています。

みなさんの今の夢、挑戦、可能性は決して早すぎるわけではないのです。むしろ、今このときこそが、最適な瞬間かもしれません。

若さという特権は、失敗さえも味方に付ける力を持っています。周りから見れば「無謀」と映る挑戦でも、それは新しい扉を開く鍵となり得るのです。**人生において、「完璧なタイミング」を待つ必要はありません。**その「完璧」は、永遠に訪れないかもしれないのですから。

大切なのは、**今、自分の心の中で燃えている情熱の炎を、周りの声で消してしまわない**ことです。

かつて、多くの若者たちは未知の世界への扉を、躊躇することなく開いていました。その一例として、私の知り合いの話をお伝えしましょう。

彼は、無一文でバックパッカーとしてヨーロッパを旅し、教育の素晴らしさに目覚めました。帰国後、その経験を生かして幼稚園を創設し、やがて中学、高校、さらには大学まで作り上げたのです。旅立ちのとき、彼に教育者としての夢があったわけではありません。ただ、未知の世界に飛び込んだからこそ、自分の使命を見つけることができたのです。

「やりたいことが見つからない」「将来、何をすればいいのかわからない」。今の若い世代からよく聞かれる言葉です。しかし、それは動こうとしないから、探そうとしないから見つからないのです。机の前で考えているだけでは、何も始まりません。**小さな一歩でいい、まずは動き出すこと**です。

挑戦する過程で、私たちは自分の新たな才能や可能性を発見します。それは教科書からは学べない、かけがえのない経験となるはずです。とくに若い感性で見る世界は、何物にも代えがたい財産となって、その後の人生を豊かに彩ってくれることでしょう。

運命は確かに存在するかもしれません。しかし、**その運命の中でさえ、私たちには選択の自由があるのです。** たとえば海外へ行くとき、飛行機を選ぶか船を選ぶか。その1つの選択が、後の人生を大きく変えることもあるのです。

他人の言葉に耳を傾けすぎることはありません。自分を信じて、一歩を踏み出してください。たとえ小さな挑戦であっても、その先には必ず新しい発見が待っています。そして、その発見は人生を大きく変える転換点となるのです。

人は誰でも、最初から明確な目標を持っているわけではありません。

小さな一歩は、きっと想像以上に遠くまで続く道につながっているはずです。人生を変える出会いも経験も、発見も、その一歩先で、今この瞬間もみなさんを待っているのです。

6

教育者から布教者へ。生きづらさから見出した一筋の光

徳岡秀雄

HIDEO TOKUOKA

浄土真宗僧侶

１９４１年京都府生まれ。１９６４年に京都大学・教育学部を卒業、京都家庭裁判所の調査官補として勤務。その後、大学での研究職を経て、１９７１年、関西大学社会学部専任講師に着任。１９９３年、仏教への関心から本願寺派中央仏教学院通信教育課程にて浄土真宗本願寺派の教義を学び、布教使としての道を歩み始める。２００６年以降は布教と執筆活動に専念し、人生の意味と向き合う視点の大切さを説き続けている。

人生を変えた2つの物差し

私は人生を通して、重要な発見をしました。

それは、**「縦軸」と「横軸」という2つの物差しで世界を見つめる**ことです。この視点は、現代を生きる私たちに、新たな指針を示す可能性を秘めています。

「横軸」とは、私たちが日常生活で接する社会的価値観や規範の総体です。たとえば**仕事で成功すること、周囲から認められること、十分なお金を稼ぐこと——。**こうした立身出世とも言える成功は「横軸」の概念の1つです。

一方で「縦軸」は、もう一段階高い視点から人生を見つめることを意味します。**自分とは一体何者なのか、本当の幸せとは何か、人生に意味はあるのか——。**そのような壮大な問いと向き合っていく視点です。どれだけ探求しても答えのない根源的な問いに向き合うことで、世俗的な価値観の枠から外れることができます。

この世界観は、私の宗教への探求から生まれたものです。私はみなさんに、横軸だけの人生に満足せず、そこを**「突き抜けてほしい」**と強く願っています。

私、徳岡秀雄は浄土真宗本願寺派の僧侶として、30年以上活動を続けてきました。長年の布教活動を通して得た、大きな気づき。それは、「横軸」の世界で生きている人は、どこか生きづらそうに見えるという事実です。

仕事で昇進しても満たされず、周囲の期待に応えようとして疲れ果て、お金が増えても幸せを感じられない――。そのような思いを抱えながら生きている人は、決して珍しくはありません。

しかし、私がお伝えする「縦軸」の考え方は、この「突き抜ける」ことを可能にします。

宗教は、世間（世の中・社会）という「横軸」の世界から脱出するための手段です。人間が道徳や倫理、さまざまなルールから完全に離れることは不可能ですが、**新たな視点を獲得することで、世界がガラリと違って見えることがあります。**

ここでいう「宗教」とは、特定の宗派や教義などとは一切関係がありません。要は「心の在り方」を示すものなので、老若男女の誰であっても、今日から身に付けることができます。

「縦軸」と「横軸」、両者の視点を併せ持つことで、今抱えている悩みから解放される可能性が開かれます。物事を多角的に捉えることができ、心にゆとりが生まれます。その結果、**さまざまな悩みや生きづらさの解消につながっていく、**と私は伝えたいのです。

ここで、「コスモロジー」という言葉を紹介したいと思います。聞き慣れない言葉かもしれませんが、私が表現しているコスモロジーとは、「自分が意識して生活している空間」を意味します。

コスモロジーの中には、法律や道徳、倫理観といったさまざまな社会規範から精神性、宗教観までが含まれます。先ほど縦軸と横軸の話をしましたが、**コスモロジーはこの2つの軸を内包している空間（自分の世界）**だと理解してください。

現在の日本では、宗教教育が義務化されていません。そのため、多くの方が横軸の世界で懸命に生きています。そんな方々にこそ、私は自らの「コスモロジー」を構築し、常識に縛られない生き方をしてほしいと願っているのです。

大学紛争に巻き込まれた講師時代

これは、「横軸」で生きていた私が「縦軸」を見いだすまでの物語です。今でこそ縦軸の視点を身に付け、生きやすくなりましたが、私も横軸の世界にどっぷり浸かっていた時代がありました。その後、些細なきっかけで宗教と出会い、人生が変わっていきました。その道のりを少しお話ししましょう。

1941年、私は京都府で生を受けました。父親は在家の信者ではありましたが、寺院の出身ではありません。京都府中学校・校長会長、旧・丹波町の教育長などを歴任した1人の教育者でした。宮沢喜一・総理大臣の時代には、「瑞宝章（勲五等）」の叙勲を受けたこともあります。母親が身体障害を抱えていたため、退職後の農業復帰はしませんでした。

私は１９６４年に京都大学教育学部を卒業後、京都家庭裁判所の調査官補になりました。当時の日本は、まさに高度経済成長期真っ只中。就職活動に悩むことはありませんでした。ＮＨＫや家電量販店からも内定通知をもらっていましたが、大企業に就職する道ではなく、人間を身近に感じられる家庭裁判所を選びました。

しかし、家庭裁判所での仕事は長くは続かず、恩師・姫岡勤教授の助言で2年半で辞めることになります。家庭の問題をよい方向に導こうと努力しても、法律では解決できない問題があることを思い知ったからです。人様の問題を扱う仕事でしたが、自分の悩みや問題でさえ解決策を見出せない自分を情けなく感じたものです。

その後、恩師の助手として京都大学に戻り、再び学問の世界に身を置くことになります。１９７１年、関西大学社会学部の専任講師として働き始めましたが、ここからが人生の修行の始まりでした。

学生問題に対峙した2年間

当時、大学内で激しい抗議活動が展開される「学生運動」が問題になっていました。私が担当した社会学の講義も、その対立の舞台となったのです。

講義が始まると、**「徳岡は何を考えているんだ!」と、私と弁論で直接対決しようとする学生が何人も現れました。**彼らは単に講義を聞くだけでなく、私の考えを徹底的に追及しようとしていたのです。

これらの学生たちは、さまざまな思想や倫理を武器にして私に鋭く迫ってきました。私はこのとき、教科書通りの答えや、従来の教え方では到底太刀打ちできないことを痛感しました。教壇の上で、学生たちの鋭い質問に答えられず、「しばらく考えさせてくれ」と時間を求めることもあったほどです。

次回の講義までに回答を用意するなどして、私はどうにか1つずつ問題を潰していきました。この状況は2年ほど続いたと記憶しています。

この経験は、私にとって人生最大のピンチであり、最大の挑戦でした。理想とかけ離れた講義でしたが、まっとうな社会学を教えたい、講義を任された大学側の期待に応えたいという強い思いもありました。どんなに学生たちに反発されても、自分の思想を否定されようとも、教育者としての責任を果たしたかったのです。

私に牙を剝けてきた学生にとっては、私との対話そのものが重要だったのでしょう。中には自分の思想や信念を試す場として、私の講義を選んでいた学生もいました。しかし、この過酷な状況が私の思考を鍛え、新たな視点を獲得した機会となったのは言うまでもありません。

教壇に立つことは、私にとって修行の場となりました。しかし、**こうした地道な思索の積み重ねが、私を宗教的な探求へと導いていったのです。**

宗教と出会うまでの道のり

1994年から1996年まで、阪神淡路大震災を挟む前後の2年間で、私は社会学部長を務めました。しかしこの頃も、横軸の世界だけで生きるのは限界だと感じた出来事が続きました。

大学での拘束時間が長くなり、論文もまともに書けない時期が続き、ストレスを抱えていたのです。そこで、わずかに空いた時間を宗教の勉学に励もうと決めました。1993年のことですが、私は本願寺派の中央仏教学院に入学し、浄土真宗本願寺派の通信教育を受けることを決めます。

私が布教使への道を歩み始めたきっかけは、実は父の影響もありました。私の父は前述したとおり中学校の校長でしたが、ある日突然辞めると宣言したのです。その理由は、身体障害を持つ母の介護のためでした。

しかし、父の決断には続きがありました。退職と同時に、中央仏教学院への入学も密かに決めていたのです。その姿を見ていたこともあり、私も父と同じように仏教を学んでみたいと思うようになりました。

実際に学んでみると、**仏教の教えには深い裏付けがあり、人生の指針にするには有意義なもの**だと感じました。宗教の教えには「縦軸」の世界が存在すること。そして、自分の生きづらさの原因に気づくこともできました。

今、多くの人は宗教的な生き方から遠ざかっています。ただ繰り返しになりますが、「宗教的な生き方」とは、特定の宗派や教義にとらわれることでは決してありません。

この世界は、物質主義的な価値観が蔓延し、目に見えるものだけが確かなものだと思われがちです。しかし、それだけの観念に縛られると視野が狭くなり、心の行き場もなくなります。生きていればさまざまな困難が起こりますから、「自分はもうダメかもしれない」「未来に希望が持てない」と思う瞬間は誰しもあるでしょう。

しかし、**ほんの少し視点をずらすだけで、どんな困難な状況であっても、幸せを噛み締めることはできる**はずです。

たとえば、道端に咲くタンポポを見て、そこに命や神様が宿っていると感じるような、自然とのつながりを大切にする考え方もあります。そこに正解・不正解はありません。ただそう感じることで、心が温かくなったり、自分は自然に生かされていると感じたり、不思議な安心感を得られたりするものです。

『おくのほそ道』などで知られる俳人・松尾芭蕉の生き方も、私には一種の宗教的な姿勢に映ります。彼は目に見えるものの向こう側にある真理を常に追求していました。こうした偉人の存在からも、人生を豊かにするヒントを得ることができるはずです。

「無我」を出発点にする

西洋文化では「I（アイ）」という第一人称が常に独立して存在し、文章の中でも大文字で表記されます。この「I」は確固たる自己の存在を示し、他者とは異なる唯一の存在として意識されます。これは西洋的な「私」の捉え方であり、個の独立性が強調されているように思います。

では、日本語はどうでしょうか。日本語の場合、「私」や「我」など文脈に応じて表記が変わりますが、中でも「自分」は独特の意味を持つ言葉です。

自分とは、「自らの分け前」と書きます。この「分け前」という表現には、自分が手に入れるものがあくまで「分けられたものの一部」であることが含まれます。つまり、**常に誰かと何かを共有していることが**

前提にあるのです。「自分」という存在は、常に変動するものであり、場面や状況によって柔軟に変わりゆきます。そこに他者との境界線はありません。

これは、「無我（むが）」という考え方にも通じています。無我とは仏教用語の1つで、自分という固定した実体は「ない」という考え方です。自分は「点」のような存在で、他者や環境との関係性の中でのみ意味を持ちます。点は空間上の位置を表しますが、占有面積を持ちません。

この「ゼロ」から出発するのが仏教の教えです。**つまり、「私」は何もないのです。**何もないからこそ、あらゆる空間や人に溶け込める存在になれるということです。

しかし、「自我がない」という考えは決して「私」を否定するものではありません。むしろ、他者とのつながりの中でこそ「自分」が生まれると考えます。必ず「誰かとの仲」に存在するのであって、英語圏でのI（アイ）という考え方は、本質的には成り立ちません。

そのため、何かに挑戦しようとするとき、自己中心的な考えでは壁にぶつかることが多いかもしれません。

「身口意」のバランスを整える

身口意とは、「身体（行動）、口（言葉）、意（思考）」の3つを表す言葉。仏教においては、この3つが調和して一致することが重要だと考えます。

たとえば、「大嫌い」という感情を文字で表すのと、実際に口で表現するのとでは、受け取る印象が異なります。言葉だけでなく、**語り口や表情、身振り・手振りなどが加わることで、相手に伝わるメッセージはさらに深まります。**これを「メタ・メッセージ」と呼びます。

あるいは孫娘が「じいじ」と親しみを込めて呼びかけるのと、妻が怒りを込めて「爺」と呼ぶのとでは、同じ言葉でも全く違う意味合いに聞こえます。イントネーションや声の大きさが変わることで、意図が伝わりやすくなるのです。

長居する来訪者に「お茶漬けでもどうぞ」と勧めながらも、心の中では「帰ってほしい」と思うのも、相手へのメッセージ性を込めた行動といえます。このように、私たちは無意識のうちに言葉以外の要素で意思を伝えているのです。

仏教では、釈尊（釈迦牟尼世尊）がこの「身」「口」「意」の3つの要素に注目し、それぞれの調和を大切にしました。私たちの行動や表現は一度きりで終わるものではなく、その影響は後々まで残ると考えられています。この持続的な影響力を「業」と呼び、日常の行動や表現が、未来の運命や周囲への影響につながるという意味も含んでいます。

こうした背景から、**「身口意」の調和を大切にすることが、豊かな人生の基盤を作るとされているのです。**

身口意の不一致な状態が続くと、やっていること・言っていること・思っていることとに矛盾が生まれます。とくに「意（思考）」を意識して整えることは重要です。

たとえば、2009年に開催されたWBC決勝戦において、プロ野球選手のイチロー選手が、緊迫する場面で「バッターボックスの中で実況中継を始めた」というエピソードがあります。これは、自分を冷静に保つため、意図的に自分を客観視しようとした行為だと思います。

また、緊張や不安を感じたときには感情を紙に書き出し、それをゴミ箱に捨てるといった方法も効果的です。感情をこまめに発散する工夫を日常生活に取り入れることは、「意（思考）」の整理にも役立ちます。

「今」に生きられる人は強い

私たちはどこから来て、どこへ向かうのか。生まれる以前の記憶もなければ、死後の世界についても知ることができないまま、この人生を生きています。

自分の意思とは無関係に始まったように感じる人生ですが、その流れの中で、**「どうせいつか終わるのだから」と投げやりになってしまうのは、もったいない**こと。日々を漫然と過ごすのではなく、そのときその瞬間に「けじめ」や「区切り」をつけ、丁寧に向き合いながら生きることこそ、人生の醍醐味ではないでしょうか。

現在は、将来のためだけに存在するものではありません。将来のために今を犠牲にするのではなく、今という時間そのものを大切にすることが、結果的によい将来へとつながります。

もちろん、私たちは将来のために準備をしたり、目標に向かって努力したりすることもあります。しかし、同時に**「今」という瞬間には、自分で選択し、決断できる貴重な自由が存在しています。**自分の意思で決められる「今」が、私たちにとって最も自由で豊かな時間ではないでしょうか。

この「今」に集中することがいかに大切かは、新型コロナウイルス感染症を例にとっても理解できます。感染の有無は、実際に感染した瞬間にわかるのではなく、検査結果が出るまで約2週間が必要です。その2週間は、私たちには結果がわからない、ある意味「見えない時間」です。現在の行為の影響は後になってからしかわからないのです。

逆に、手元にある検査結果や健康診断の数値も、それは「過去」のデータにしか過ぎません。つまり、**私たちは「今」という瞬間に集中することでのみ、自分の人生を感じることができるのです。**

最後に、みなさんの心に留めていただきたい言葉を贈ります。

「過去に起きたことは覆せない。これから起きるかもしれないことは、必ず起きるのではなく、可能性があるだけに過ぎない。そんなことにとらわれることこそが心の災いなので。この災いが今日を無残に喰い尽くしてしまう。こんなふうでは、自分の人生の今日の一日を今の自分が生きることができなくなる。だから、自分の心を今日以上の日々に飛ばしてはならない。今をちゃんと生きよう。今を大事にしよう。この一日を、特別な有り難い時間だと思って、大切に丁寧に生きよう」（白取春彦・編訳『超訳ショーペンハウアーの言葉』宝島社・2013年・77頁）

みなさんは、「今」という瞬間に、集中できているでしょうか。

私にとっての現在とは、「今、ここに存在している」という実感そのものです。**今、この瞬間を生きていれば、それは将来につながり、やがて自分自身を豊かにする道が拓けます。**どうか、1日1日を大切に生きてください。そうすることで、より深い充実感を得て生きていくことができるはずです。

7

生きることは、すなわち表現すること

――「私（わたくし）主義」で、気負わず自然に生きていく

道琳敦子（ダウリングアツコ）
ATSUKO DOWLING

日本画家
東京都生まれ。雅号は淡彩水墨画で「秋月」、俳画で「桃女」。素描や油絵を学び、日本画へと進む。1985年から2007年まで東方美術協会に所属し、会員・審査員を務めた後、東京展美術協会を経て、現在は日本美術家連盟の会員として活動中。18回の受賞歴を持ち、国内外で高く評価される。2003年に皇居宮内庁に参内し、作品が陛下の居間に1週間飾られる栄誉を受けた。

飽くなき追求心

私の画家としてのポリシーは、「**今の自分のすべてを表現する**」ことです。

一つひとつの作品に、そのときに自分が思ったこと、感じたことをストレートに表現したいと思いますし、自分の内にあるその思いの部分をどのように「絵」に表現していくかを常に考えています。

私が画業をスタートしたのは、1985年。それから40年近くが経ちますが、このポリシーだけは今も変わっていません。

子どもの頃から画家になりたい夢があったわけではなく、美術大学を出ているわけでもない私が本格的に絵画の道を歩み出したのは、結婚後のこと。絵について何の知識も持たないいまま、水墨画の門を叩いたのが始まりです。

その後は、油絵や墨絵、淡彩水画、俳画などさまざまな絵画に触れ、多様な技法を学んだ後、最終的に日本画へ。以降は、日本画家として創作活動を続けています。

すっかり長くなった画家のキャリアの中で、描くペースは、そのときどきの人生のシーズンによって変化してきました。精力的に創作に励むときもあれば、一時的に手を休めるときもあります。しかし、**いつ何時も、描くことが頭にあり、「今の自分のすべてを表現したい」という思いだけはずっと変わっていません。**

このような沸々と湧き上がる創作意欲が、私を次の作品へ向かわせてきたのかもしれません。「次はこんなものを描いてみよう」と常に思い巡らせる構想が、私の創作活動を支えてくれているのだと思います。

冒頭でお伝えしましたように、「自分が表現したいすべてを紙上にあらわすこと」が私の作品に対するポリシーであり、それこそが私の掲げる理想です。収まりよく、ただ何となくこぎれいに仕上がっている絵よりも、描き手の表現したい思いが伝わってくるような絵に、私は魅力を感じます。

ですから、いつもそういう思いを念頭に置いて創作に励んでいるつもりです。

ところが、これまでただの一度も、「これはいい作品になった」と思う絵を私は描けたためしがないのです。

もちろん、描いているときは一生懸命。そのときの自分が持てるすべてを尽くして描いています。これは言葉にするのがとても難しい感覚なのですが、毎回作品を描き終えると、頭の中が空になって何も残っていない……。そんなイメージです。

しかし完成後にその絵を見ると、「ここにもう1つプラスアルファができたのではないか」と思ってしまう。1つの形となった表現に、まだその先があるように感じてしまうのです。

描くことには終わりがないのかもしれません。

ですから、これからもずっと描き続ける限り、死ぬまで勉強だと思っています。

また同時に、こうも思います。**表現の追求こそが創造であり、創作であると**。

「どのように表現しようか」「どうやって伝えようか」と悩み、葛藤を繰り返しながら1つの作品をつくり上げていく――。そうやって人間は成長していくものですし、前進していくのではないでしょうか。

これは、何かの制作に携わっているみなさんにも共通することではないかと思います。ピカソも、レオナルド・ダ・ダヴィンチも、きっと同じ。描く度に葛藤し、「これで仕上がった」と思うまでその葛藤は続くのでしょう。

回り道も悪くはない

絵を描き始めた頃の私は技術的な未熟さがあったため、教えてくださる先生の指導に忠実であるように努めました。

「このように描きなさい」「こういうふうに色を重ねなさい」と、先生がおっしゃる言葉に従い、先生が指定する題材なり技法なりを使って言われた通りに描きました。

ただしばらく絵の基礎を学び、ある程度のスキルが身についてくると、「自分の絵」

というものを描きたくなったタイミングが訪れました。

私が本当に求めているのは、先生に言われた通りの絵を描くことではない。私は、「これを表現したい」という自分の思いに従って、「自分の絵」を描きたい！　そんな内から湧き出てくる欲求に気づいたタイミングでした。

先生に教えていただいたことは本当にありがたいですし、その気持ちは今でも変わりません。しかし、技術的なものはあくまで自分が伝えたいことを表現するための1つの術であって、それ自体が絵を描く目的ではないはずです。

ですから技術的なことは先生のおっしゃる通りでも、表現したいものが違ったなら、先生のもとを離れて自分が目指す表現の道を進むしかない。私はそう考えました。

この選択は後に、画家としての大きな分岐点となりました。

その後、後ろ盾を失った私は、何かと苦労しました。

先生に師事している描き手のみなさんは、力強いバックアップを受けながらどんどん公募展に出品して賞を獲ったり、注目を浴びたりして評価されていきました。

一方で私はというと、「画家としてのキャリア」においては、ずいぶんと回り道をしたように思います。

しかし、「あのとき私が選んだ道は、間違っていなかった」と振り返って思います。他人の力によってつかんだ栄光は、一過性のものです。それに対して、**苦労をしてでも自分自身でつかみ取ったものは、いつまでも自分の内に残ります。**そのときは大変な思いをしたとしても、その一つひとつの経験の積み重ねが、自分を確かに形づくる一部になっていく――。

やがてそれは、自身の大きな強みに変わることでしょう。**自分で選び、自ら学んだ経験がある人は強い**と思います。

ですから、「回り道は悪いことばかりではない」と、私は自信を持って言うことができます。

たとえ、うまくいかないことがあったとしても、**それは「失敗」ではなく、その方の「道」となるのです。**後から振り返ったとき、失敗もその人の歩みの上に残されていく1つの学びであり、経験です。

そうやって残されていく軌跡は、誰が真似できるものでもありません。

このような画家としての分岐点を経験し、今の私があります。あまり偉そうな物言いはできませんし、ましてや自分の目指す表現の世界にたどり着いたなど、おこがましいことは言えませんが、進む方向は当時からずっと変わらず、今もその道のさなかにいるというわけです。

上手かどうかより、やりたいかどうか

私は、小さい頃から不器用な人間でした。

学校で行う写生にしても美術の授業にしても、周りの友達はみな、きれいに上手に描くのに、私は何を描いても下手。そして何を描くにも遅い。「下手＝駄目」と思っていたので、当然、そんな自分が将来、絵描きになるとは想像もしていなかったわけ

です。

他にも、私が早くから絵の道に進まなかった理由の1つに、父の芸術に対する考え方がありました。

父は、「芸術の道で食べていける人はほんの一握り。大半の人は芸を志しても叶わない」という考えを持っており、「女性もこれからの時代は何か手に職をつけて、自分で生きていけるようにするのがよい」と、私が歯科医師か薬剤師になることを望んでいました。

このような父の教育方針のもと、「勉強の妨げになるから」と、芸術の道に進むことが許されなかったのです。私自身も、特別な才能があるわけではないことを自覚していたので、父に反抗するどころか、「その通りだ！」と父の言葉を素直に受け止めていました。

そんな私が、初めて「絵を描きたい」と思った出来事がありました。それは忘れもしない、高校2年生の夏。1枚の絵を描く宿題が出たときのことです。

家族に留守番を頼まれた私は、一人、静まった部屋で宿題のための絵を描き始めました。目の前のスケッチブックに少しずつあらわれていく自宅の裏庭の風景。気づくと、私は不思議なほど夢中になっていました。

「将来、自分の時間が持てるようになったらじっくりと描いてみたい」

初めて抱いた感情でした。そのくらい、絵を描く時間を楽しめた体験だったのです。

振り返ると、過去に何度かこういうふうに絵に没頭した瞬間がありました。筆を動かすことに熱中するあまり、ふと気がつくと手が震えて筆が持てなくなっていたり、部屋の中に吊るしてあった大きな植木鉢が落ちたことにも全く気づかなかったり。それほど集中して描いていたのだろうと思います。

結婚後に絵を習い始めたときに指導いただいた先生は非常に厳しい方でした。まだ絵筆の持ち方もわからない素人の私に対して、スッと手本を渡すだけ。周りの方には丁寧に教えているのに、なぜか私には具体的な指導をしてくださいませんでした。

なぜ私だけ？　その思いで頭がいっぱいになってしまい、授業中に涙があふれて仕方がありませんでした。それで、いい大人がトイレに駆け込み泣いていたのです。このようなつらい状況が1年ほど続きました。

けれども、私は絵をやめなかったのです。

きっと、悔しい、悲しい以上に、絵を描きたかったのでしょう。

私は小さい頃からずっと「自分は絵が下手だ」と思ってきましたが、**上手いか下手かに関係なく、私は純粋に絵を描きたかったのだと思います。**

変わるものと変わらないもの

私が日本画を選んだのは、もともと自分の中に日本的な美や表現に対する思いがあったからだと思います。

私は幼い頃から骨董品が好きな子どもでした。お人形遊びよりも上品な漆器や陶器を眺めたり触ったりする方が好きで、大学で国文学を専攻したのも、日本の歴史や伝統的な芸術に興味があったからなのだと思います。

ずっと日本に住んでいると、ないものを欲するように海外の文化に憧れることもあるかもしれません。しかし私の場合は、アメリカ人の夫と結婚して海外の文化に触れることが多くなったことで、より一層、日本人としてアイデンティティを意識するようになり、日本的な美への思いを強く抱くようになりました。

日本画は、油絵や水彩画などさまざまな絵画技法の中でも、最も煩雑な工程を踏むことで知られています。描くのに膨大な時間と手間がかかり、繊細な画材の扱いが必要になることから、多くの方は日本画を選びたがりません。

そういう日本画を私はわざわざ選んだわけですから、そこにはやはり、「日本人に生まれたことを大切にしたい」という思いがあったのだと思います。

ただ、私が日本画を描くときは、**いかにも日本らしい風物を題材にするのではなく、そのとき自分が描きたいと思ったものを、自分なりの構想で、日本の画材を使っ**

て表現します。

たとえば、ハワイのビーチだったり、ハワイの伝統的な家やヤシの木、プルメリアの花だったりします。これが私の制作のスタイルで、私の作品をご覧になった方から、「洋画でも日本画でもない独創的な絵」という感想をいただくことも少なくありません。

私は、日本画の伝統的な技法を用いて作品を仕上げていくことを大切にしています。

和紙にドーサをひき（絵の具が紙ににじむのを防ぐための工程）、顔料や天然の鉱物を含む岩絵の具を膠（にかわ）（岩絵の具を紙面に定着させるために使用する、主に動物の皮から作られる接着剤）で溶き、何回も色を重ねて描いていきます。

幾度も色を重ねることで、色に深みが出たり、また違った色合いに変化したりするところが日本画の魅力でありおもしろさだと感じています。

ですから私は、こういった**日本画特有の伝統的な技法を用いて日本古来の美を受け継ぐ**ことができたらいいなと思うのです。

一方で、私自身が「何を表現するか」については、常に変わっていくものだと思っています。

私にとって表現とは、「轍（わだち）」のようなもの。目に見える形となってすでに存在しているのではなく、後から振り返ったときに「そこに1つの表現ができ上がっている」という感じなのです。

目には見えない人の内面が「絵」という見える形をとってあらわれただけ。そう考えると、人の内面は絶えず変化していきますから、表現がいつも同じではないのは自然なことかもしれません。今日描く絵と、明日描く絵は違うでしょうし、1年後はさらに違ったものになっていたとしても、全く不思議ではありません。

これは画家に限らず、他のどんな職業の方でも同じではないでしょうか。

その道を長いこと歩んでいたら、外からいろいろなことを吸収して変化を遂げていくと思います。自分の中の本質的な部分は変わらなくても、その上にプラスアルファで加わる部分はどんどん変わっていくことでしょう。

ですから、**表現はとどまっているものではないですし、これからも生き続け、制作し続ける限り、常に変わり続ける**ものだと思います。

世の中にはさまざまな画家さんがいらっしゃいます。その描き手の数だけ多様な作品が生まれます。その中に、「これが正解」というものはありません。中には、日本画に油絵の具を混ぜるなど、異なる画材や技法を複数用いて描くユニークな絵も存在します。

私は、表現技法は変えずに、自分の中にある何かで表現しようという努力を重ねています。これが私のスタイルなのです。

釣りが教えてくれた「あきらめない気持ち」

私は昔から絵画と並んで、釣りと車が好きです。中でも、釣りは子どもの頃から大好きで、絵を描くのと同じくらい熱中してきました。

過去に、ある特定の釣り技術を競うスポーツ・フィッシングにおいて、世界記録を2年半ほど保持したことがあります。そのときに釣った魚は、同年のその魚種の中で世界3位になり、銅メダルを獲得しました。これは私自身の1つの記念になっています。

釣られた魚は死んでしまうことが多いので、釣られまいと死闘します。この、魚が勝つか自分が勝つかの戦いは、「どのくらいの技術を持っているか」が物を言います。こうした魚との激しい格闘を経て、無事に仕留めることができたときの喜びは、ひとしおです。

ただし、大自然が相手なので、いつでも簡単に釣れるわけではありません。魚も賢いので、すぐに釣り餌に食いついてくれません。

そこで、毛鉤（けばり）（鳥の羽を巻いて餌に見せかけた釣り針）を用いたフライフィッシングを試みるのですが、それでもなかなか思い通りにいかないものです。

こうした状況下で一番大切なのは、どうやったら釣れるかを考え、いろいろな方法を試すこと。場所を変えてみたり、釣り糸を変えたり、あるいは針の形を変えてみたりと、あの手この手で工夫を凝らし、10回でも15回でも同じ魚を目がけて攻め続けるのです。

とにかく、最後まであきらめないこと。その気持ちが何より大切です。

ありふれたことを言うようですが、私はこうした釣りの経験を通して、身をもって「あきらめない気持ちの大切さ」を思い知りました。

最後まで決してあきらめることなく、じっくりと考え、少しでも前進する。後戻りするのではなく、「このやり方がダメだったら、次はこっちの方法で試してみよう」と、**小さな工夫を重ね少しでもよい方向へ向かうように努力する。**

何かに行き詰まりを覚えたり、困難に直面したりするたびに、私は「最後まであきらめない」ことを繰り返し思い出します。同時に、釣れた瞬間のあの大きな喜びと感動が鮮明によみがえってくるのです。

段階を踏んで確立した「自分のスタイル」

「心臓に毛が生えているんじゃないの?」

私の友人は私のことをこのように言い、冗談交じりの会話を楽しむことがあります。私はよくはっきりとした物言いをするので、そのように思われるのかもしれません。絵の制作スタイルだけではなく、ファッションにしても、何にしても、私は自分の感覚や感性を大切にして生きています。

しかし、私は根っから強い人間ではありません。確かに、私は小さい頃から「自分が周りと違っていても気にしない」子どもでした。でもそれは、先にもお話しした通り、**誰よりも私自身が「自分の不器用さ」を知っていたからであり、自分自身がそれを受け入れてきたからではないかと思います。**

ですから私は、単にもろいだけなのです。昔も今も非常にプレッシャーに弱い人間で、学生の頃は、あまりの緊張からテスト中に頭が真っ白になり、勉強したことを発揮できず情けない思いをしたことがあります。

今でも、小さなことに「どうしよう……」と動揺して落ち着きを失い、うっかりケガをしてしまったことがあるほどです。

そういった自分の駄目な部分を徐々に受け入れていく過程で、「こんなものかな、あんなものかな」と壁にぶつかりながら、段階を踏んで自分のスタイルを確立していったのだと思います。

誰でも最初からすべてのことがわかっているわけではありませんよね。食事のとき、食べる前から「少し塩気が足りない」とわかっていて食べ始めるわけではないですし、食べてみると、「意外と美味しかった」と驚くこともあります。それは、食べてみなければわからなかったこと。すべての物事はそのように経験を経ながら知っていくのだと思います。

自分自身のことも同じで、はじめから自分を完全に理解している人はいないでしょう。誰もが日々いろいろなことを経験し、1つ、また1つと新しい学びを重ねて、その人の生きる道を築いていくと思います。何もわからない中で、みなが手探りで自分の人生を歩んでいるわけです。

ですから、**徐々に段階を踏みながら、自分のスタイルを築いていけばよいのです。**

そのためにも、自分の人生に対してあきらめない気持ちを持って歩み続けることが大切なのだと思います。

「自分」があれば生きづらさは乗り越えられる

今、生きづらさを感じている若い方も多いようですが、私の経験から思うことは、**「自分を持つ」ことが大事**ということです。

ですから、若い方はとくに「何が自分らしいことなのか」を考え、他者との関わりやさまざまな活動を通して自己理解を深めていくとよいのではないかと思います。

しかしそうは言うものの、やってみると結構難しく、よくわからないのではないでしょうか。これは私の経験上の話ですが、今まで歩んできた人生の中にヒントがあることが多いような気がします。

先にもお話しした通り、私は画家人生のある時点で大きな決断をしました。自分の求める表現の道を歩むため、それまで指導を受けていた先生のもとを離れることにしたのです。

その選択自体はよかったのですが、その後、本当にいろいろな苦労がありました。ですが、どれほど大変な思いをしても私が絵をやめなかったのは、純粋に「描きたい」という気持ちがあったからではないかと思います。

その頃の私は、「自分なりの表現をしたい」という思いしかなく、誰に非難されようとも自分の絵を発表したかったですし、描くことを続けたかった。本当にその思いしかなかったのです。

苦労した部分だけに焦点を当てると、「なぜあのときの自分は絵をやめなかったのだろう」と不思議に感じますが、**「それでも絵を描くことをやめなかった」という事実に、私という人間を理解する鍵があるように思います。**私は絵を描くのが「好き」だったのでしょう、絵を通して自分を表現したかったのです。

みなさんもこういった経験の中に「自分」を見つけるヒントがあるかもしれません。自分のことが少しずつわかってくると、自分なりの生き方や進み方が見つかり、心が楽になってくるのではないでしょうか。

もう1つ、生きづらさを解消する私なりの方法を共有したいと思います。それは、**自分のいいところを1つでも見つけて、自信を持つ**ことです。そのようなポジティブなとらえ方をしていけば、他人のことはあまり気にならなくなるのではないでしょうか。

私のような不器用な人間がこうして絵を描いているのです。すぐに描けるようになったわけではありませんし、毎回、簡単に描いているわけでもありません。悩んで、悩んで、努力して……を繰り返し、ここまでたどり着きました。それでも、まだまだ。今後も少しでも前に進むための努力が必要だと思っています。

どうかみなさんもポジティブにご自分を見つめ、自分自身がよくなる方向に目を向けて努力してみてください。そうすれば、必ずよい未来につながるはずです。

生きていること自体が自己表現

長年絵を描き続ける中で、つくづく「表現の不思議さ」を感じることがあります。

それは、意図しなくても、**描き手自身の個性が自然と絵にあらわれる**ということです。

私にとって絵を描くことは、自己表現の1つの手段であると言えます。私自身の内にある思いを、「絵」という形にあらわすことでみなさんにお見せしたい。そのような思いと願いを持って、私はこれまでカンバスに向かってきました。

絵画以外にも伝えるための手段は複数ありますが、私の場合はたまたま絵でした。

言葉にすることが難しいことでも、絵であれば表現できる。だから私は絵を描いてきたのだと思います。

このように、「これを表現したい、伝えたい」と思って私たち描き手は絵を仕上げていくわけですが、結果的に、無意識の部分で画家の生きざまそのものがその人の個性となってあらわれていることが多いのです。とても不思議なのですが、ここに表現のおもしろさがあると私は感じています。

ここまで私は「日本画家」として絵の話を中心にしてきましたが、「日本画家」は、私の肩書きの1つに過ぎません。繰り返しになりますが、絵は、私という人間を表現する1つの方法であって、唯一の術ではないのです。

私にとっては、釣りや車も自己表現の方法の1つとなり得ますし、その他にも、私という人間を表現する方法は無数にあるでしょう。

というのも、**取り立てて何かをしようとしなくても、生きていて、ここに存在していること自体がすでに自己表現**だと思うからです。

今、ここにある姿、それ自体が他人とは違った「自分」であることに変わりはありません。他の人がいようがいまいが何をしようが、あなたを「あなた」たらしめる本質的なもの（＝個性）は、変わらないはずです。

そして、その人の芯にある本質的なものは、何か特別な意識をしていなくても、些細な行いの一つひとつにあらわれ、にじみ出ていくのだと思います。

たとえば、コンビニのアルバイト1つを取っても、誰がやるかによってレジの対応に違いが出ます。それは、マニュアルにはないその方の個性や人となりが自然とあらわれた結果なのではないでしょうか。

一見、取るに足らないと思えるような日常的な行動の一つひとつに、その人自身があらわれる——。その積み重ねの結果、すなわち、**人生の歩み方そのものが自己表現であると私は思うのです。**

このように考えると、個々の人生は、「その人オリジナルの素晴らしい芸術作品である」と言えるでしょう。ですから、他者と違う自分を否定したり、無理に自分を変えようと頑張ったりする必要はないのです。

心のこもった挨拶と他者に対する感謝の言葉さえ持っていれば、すでに十分なような気がします。それ以外に、必要なものなどあるでしょうか。究極的には、生きているだけで、もう十二分ではありませんか？

芸術は現代人の心の栄養

芸術は、日常生活に必ずしも必要なものではないと思います。芸術がなくても、私たちは生きていくことができるからです。

しかし、人間はただ食べて、寝て、仕事して……を繰り返すロボットではありませんし、効率性や合理性だけを求めて生きる存在でもありません。人間としての営みには、余暇を過ごし、楽しんだりリラックスしたりする時間も必要です。そうでなければ、人生におもしろみがありませんよね。

その点において、やはり芸術は、**私たちの心を豊かにしてくれる大きな役割がある**

と思っています。

たとえば、仕事帰りにちょっときれいな景色を見るだけで疲れが癒されたり、前向きな気持ちになれたり、豊かな心に変わるのではないでしょうか。この世知辛い現代社会に生きるすべての人にとって、**芸術がもたらしてくれる癒しの力は明日を生きる活力となってくれるはずです。**

芸術と一口に言っても、さまざまなものがあります。

絵画について言えば、鑑賞の仕方にこれといった決まりはありません。ご自分の感性に従って心地よい気分になれるものを選んで眺めてみるなど、あまり難しく考えず、思うままに楽しまれたらよいと思います。

私自身は、自分の作品を通して見てくださる方に少しでも癒しを届けることができるよう、これからも制作に携わっていけたらと思っています。

気負わず自然体が一番

私の人生は、そろそろ集大成の段階に差しかかってきました。

今後は、「今できること」を大事にしながら、昨日よりも一歩前進できるように努力をしていけたらと思っています。

絵もいつまで描けるか、車も何歳まで運転できるかわかりません。とくに、そういった体が動くうちにしかできないことを少しずつ取り組んでいくつもりです。

特段「これを成し遂げたい」ということは、私にはありません。**そんなに気負わなくても、自然に生活するほうが余計な力も入らず、一番よいのではないかと思うからです。**そうすると、肩も凝らず、病気にもなりにくくなるのではないでしょうか。

ここ最近は、絵の制作から少し離れています。もちろん、いつも絵のことが頭にあり、「ああしよう、こうしよう」と常に表現について考えを巡らせています。しかし、手を動かしていない状態です。

私のように年を重ねてくると、人生のいろいろな局面を経験します。今は一時的に制作の場から離れていますが、それも含めて人生。今はそういうシーズンにあるのだと受け止めています。

描くときもあれば、描かないときもある。でも、やがてこの手を動かし描くときはやってくる――。**たとえ描かないときであっても、いつも「描く」を考え、「描く」とともにあります。それが、私（わたくし）の人生です。**

ここまでお伝えしてきた私の経験が、みなさまにとって少しでも有意義なものであったなら、とてもうれしいです。充実した人生を送っていただけたら幸いです。

8

「志」が人生の質を上げる。きっかけは信じてくれた人の言葉

溝端勇二

YUJI MIZOBATA

ながの結婚支援センター代表

結婚支援コーディネーター。「魂学校」校長。1962年京都府生まれ。15歳で少年院を経験し、19歳で再逮捕され鑑別所に送られる。少年院と鑑別所での出会いから、真人間になる志を立てる。青年会議所や長野県全体のPTAの副会長を通じて地域活動に従事。少子化問題に取り組むため2009年、ながの結婚支援センターを設立し、その運営に携わってきた。

信頼を得るには隠しごとをしない

私は長野県で「ながの婚活支援センター」を2009年に設立し、過去15年間で4000人以上の男女の出会いの場を提供してきました。

出会いを求める方の中でも、成婚につながる方と、つながらない方がいらっしゃいますが、その違いは何かというと、**「志」**だと思います。

婚活で「志」というのも不思議に思われるかもしれませんね。これは、婚活の場だけの話ではなく、ビジネスの場でも共通して言えることなのです。どちらもベースにあるのは人間関係であり、その人間関係は「出会い」と「信頼」で成り立っています。そして、**「出会い」と「信頼」を引き寄せる鍵となるのが「志」**なのです。

自己紹介が遅れましたが、私はこれまで600組のカップルを誕生させてきた結婚支援コーディネーターであり、他にも事業で一定の成果を収めてきた起業家です。長野県全体のPTA副会長などを務めたこともあります。

一方で、「元不良」「少年院に入っていた経験がある」という異色の経歴を持ち、そのことを相手に伝えると驚かれることがほとんどです。驚かれても、私は隠しません。**人の信頼を得るには、隠しごとはしないほうがよいと考えている**からです。

そのように考えられるようになれたのも、「志」を持つことができたからであり、**「心を磨くこと」を通して私は志を持つことができました。**

私がどのように更生し、志を抱き、起業家として身を立てることができたのか。この経験が誰かの役に立つことができればと願い、少し、私の話にお付き合いください。

「大人は信じられない」――非行の道へ

1962年、京都で食品加工物を商う家の次男として私は生まれ、経済的には恵まれた家庭だったと言えるでしょう。父も実家が裕福だったため、大正後期の生まれには珍しく大学を卒業していました。

しかし、その父との暮らしは平穏とはかけ離れたものでした。

父はお酒が入ると母を殴るという、今でいうDV（ドメスティックバイオレンス）を繰り返す人でした。

私が10歳の頃、夜中に家の中で大きな物音がしたため部屋へ見に行くと、ガラスが割れ、血を流す母の姿があり、隣家のおじさんに助けを求めたことがあります。その場はおじさんが収めてくれたものの、ことあるごとに父の暴力は続きました。母が殴られないようにと、夜中に母を連れて外に出歩いたこともあります。

暴力が日常的にあった家庭だからか、兄弟ゲンカもすさまじいものでした。2つ上の兄との殴り合いのケンカでは、いつも私が負けて泣いていました。子ども時代の2歳の差は体格的にも大きな差があり、「なぜここまでされなきゃいけないんだ」と恨めしく思っていたことを覚えています。

理不尽なことは家庭内だけではありませんでした。

小学校6年生の頃、同じ学校の外国籍の児童から半年間ほど、いじめを受けていました。会うたびに私を馬鹿にして笑うのです。先輩に相談すると「呼び出してやり返しちゃえ」と、そそのかされたことがあります。

最初は気が進みませんでしたが、いじめが続くことはつらく、やり返してみたのです。するといじめがピタリと止まりました。簡単に解決したことに拍子抜けしたほどです。**理不尽にあらがい、行動して変わることを実感した初めての体験でした。**

しかし、「やられたら、やり返す」というのは、決して褒められた行動とはいえません。暴力によって解決したこの出来事は、私が不良の道に進むきっかけになってしまったのです。

「やられたら、やり返す」が私の中で正当化されると、怖いものはありませんでした。たとえ相手が学校の先生でもお構いなし。教え子を妊娠させた先生がいて、尊敬に値しないと、日常から暴力をふるっていました。

父はアルコール依存症でＤＶ、母は誰にも助けてもらえず、教師もまともではない。「**大人は誰も信じられない**」と拗ねた不良になるのに時間はかかりませんでした。

一生、人に認められないのではないか

13歳のとき両親が離婚し、私は母と弟とともに母の故郷である長野に行くことになりました。

出発の前夜、私は積年の恨みを晴らそうと、寝ている父の上にまたがり、布団の上から何度も父を殴りつけました。大きくなったとはいえ、私はまだ13歳でしたから、その気になれば父が私をはねのけることは難しくなかったはずです。

しかし父は黙ってされるがままになっていました。わざと殴られる父の様子を見て、子どもながらにさまざまな感情が交錯するのを感じました。

長野での新生活の住居は1部屋しかない借家で、生活水準が大きく下がったのを覚

えています。貧しい生活でしたが、母が殴られずに済むと思うと、悪いことでもないように思えました。母は私たちを食べさせるために水商売の仕事に就きました。

私はというと、転校してもほとんど学校には行きませんでした。パンチパーマに短ランとボンタン、手にはチョンバッグ（潰された学生鞄）という風体の中学生。長野の田舎では悪い意味でとても目立ち、自然と不良や悪い大人に声をかけられます。彼らと仲良くなって夜な夜な遊び歩くようになりました。

「なぜ私だけが？」――あらぬ疑いに学校を自主退学

そんなとき、事件が起こったのです。

私を含めた不良同士のケンカが発端で、千曲川沿いの雑草が全焼。野次馬が勝手におもしろがって火を点けたのですが、なぜか首謀者は私ということになっていました。

幸い大事には至らなかったものの、一歩間違えば大火事になっていたかもしれません。この事件は深刻に受け止められ、私は児童相談所に連れて行かれました。当然、私は話をするつもりはありません。職員を前にタバコを吸い始めましたが、誰も私に注意をしませんでした。児童相談所は、子どもに何らかのアドバイスをしてくれるところと思っていただけに、失望を感じました。

後日、学校に行くと「みんなに迷惑をかけたことを、全校生徒の前で謝りなさい」と謝罪を強制されました。確かにケンカはしましたが、火を点けたのは私ではありません。なぜ私だけが謝らなければいけないのか。釈然としなかった私は謝ることなく、勝手に転校手続きをとり、神戸に住む父と兄のもとに戻りました。

しかし、しばらくすると母が迎えに来ました。手が焼ける息子でも、何かあったら守ってくれる存在がいなくなったのは心細かったようです。私は母が水商売をするのが嫌だったので、別の仕事をすることを条件に、長野に戻ることにしました。

長野に戻って転校したものの、そこでも初日に教頭と揉めました。途方に暮れた担任が松本市にある児童自立支援施設への入所を私に勧めました。

児童自立支援施設とは、家庭環境や学校生活に問題を抱える子どもに対して、社会生活に適応できる能力を育むための教育や支援を行う施設のこと。担任のために施設への入所を決めましたが、私は問題児の烙印を押されたように感じました。

児童自立支援施設での生活はあまり覚えていません。いつの間にか時間が過ぎ、気づけば中学卒業の時期になっていました。

卒業アルバムに私の名前は記載されたものの、顔写真はありませんでした。学校にはほとんど行ってなかったのですから仕方ないでしょう。けれども、**顔写真がない卒業アルバムは、私という人間が誰の気にも留められない存在であることを突きつけてきたように感じられました。**

私は一生、人に認められないのではないか。そんな不安に襲われ、リストカットをすることもありました。

逮捕され、少年院に送致される

不良を正当化するつもりはありませんが、子どもの世界は大人が思っている以上に狭いものです。勉強やスポーツで秀でたところもなく、家庭も不安定な子どもは、たちまち居場所を失ってしまいます。問題が起こると、先生や警察官に「またお前だろう」と言われる。私の行き場は、結局のところ不良仲間しかいなかったのです。

そんな私に転機が訪れたのは、15歳の頃のこと。ガールフレンドと腕を組んで歩いていたら、無性に気になる女の子とすれ違いました。その日のうちに彼女の連絡先を聞き、出会って1週間しないうちに同棲を始めました。それが今の妻です。

しかし**同棲開始からわずか2週間後、私は逮捕されてしまった**のです。

逮捕の理由はお金を盗むという行為です。最初は軽い気持ちで、不良仲間と自動販売機を壊して小銭を盗んでいたのですが、ある日、両替機を壊すと防犯ベルがけたたましく鳴り響きました。騒然とした空気にのまれ、仲間も散り散りに逃げましたが、誰もが捕まることを覚悟したと思います。

私は逮捕され、少年院に送致されました。

少年院で初めて褒められる

刑務所と少年院の違いをご存じでしょうか。刑務所は、受刑者に対する刑を執行するための場であり、刑罰として刑務作業を行わせます。それらを通して、罪の重さや責任について自覚と反省を促すとともに、社会復帰への意欲を呼び起こすのです。

一方、**少年院は矯正が目的です。**社会に復帰した後、社会に適応して規律ある生活が送れるように、小中学校で行うような教科教育も行います。より高度な教育を受けたいという少年には、高校や大学に準ずる内容を教えることも少なくありません。

健全な心と体は規律正しい生活で作られるという考えのもと、少年院では教科教育だけでなく、役割活動やグループワーク、各種行事活動、読書、作文、日記の個別指導などの細やかな教育が行われています。健全なものの見方や考え方、行動ができるように、その年齢にふさわしい経験を豊富に与えることが重視されているのです。

学校にほとんど行っていなかった私にとって、本物の学びを授けてくれたのは少年院でした。そして少年院は、よいことをすれば褒められ、悪いことをすれば罰せられる施設であることも知ります。

たとえばあるとき、部屋を掃除していた私は、厳しい表情をした教官に呼び止められました。「怒られる」と身構えていた私に、教官はにっこりと笑ってこう言いました。

「掃除、上手いな」

おそらく初めて、**自分がしたことで誰かが喜んでくれた出来事**だったと思います。それまで人のために何かをするのは損だと信じていたのですが、**人生で初めて、頑張**

ることはよいことなのだとうれしく思いました。**教官のたった一言で、「もっと頑張ろう、もっと認められよう」と思うことができた**のです。

掃除に精を出すようになり、いつの間にか私は少年院の模範生になっていました。

一方で、少年院から逃走して失敗した少年がいました。その罰として、本来6カ月で終わるはずだった収容が、2年4カ月に延びてしまったのです。

少年院は「信賞必罰」のルールが徹底され、自分がやったことの責任は自分に返ってくる場所なのだと実感しました。

少年院にお世話になったこと自体は決して自慢できませんが、「**社会で生きていくにはどのような態度が望ましいのか」という、大切なことに気づかせてくれた**経験は、その後の私の人生の糧となっています。

チャンスをくれた名も知らぬ大人たち

妻は、少年院に入った私に定期的に面会に来てくれました。少年院に入る前、実は複数の女性と付き合っていたのですが、最後まで面会に来てくれたのは妻だけ。外で待ってくれている人の存在は、私にとって大きな励みになっていたのです。

少年院に半年間収容され、出た頃には私は16歳になっていました。待っていてくれた妻のためにも私は覚悟を決めました。**「絶対にこの人を幸せにする」**。

彼女の両親に結婚を前提に付き合う許しを得ようとしましたが、猛烈な反対にあいました。両親は、あの手この手で別れさせようとしましたが、そのたびに2人で乗り越えてきました。

しかし、人は簡単には変われません。19歳のとき、私の車に同乗していた後輩がガソリンを盗み、それをかばったために、再び逮捕されてしまいました。取り調べを受ける中、〝ああ言えば、こう言う〟で受け流す私に、刑事さんが言った言葉を今でもはっきり覚えています。

「君のしゃべりはよいね。その才能は、よい方向に生かせると思うよ」

少年院で教官に褒めてもらったときのように、その一言が私の心を目覚めさせました。**自分の過ちを償って、もう一度人生をやり直したいという覚悟**ができたのです。

鑑別所にいる間、私は1日5時間、正座しながら祈りました。鑑別所は、家庭裁判所が少年院に送致するのが適切と判断された少年の資質や行動を、一定の期間、観察し見定めるところです。平均で4週間、長い場合は8週間ほどかけて審理します。

そして迎えた審判の日。家庭裁判所の判事が私の顔を見てひと言、言いました。

「溝端くん、君にチャンスをあげよう」

おそらく鑑別所での私の言動に前向きな姿勢を感じ取ってくれたのでしょう。この言葉は寝耳に水でしたが、私は涙が止まりませんでした。**生まれて初めて、他人に信頼されたのです。**

少年院送致をまぬがれた私は、**名前も知らないけれどチャンスをくれた判事のために、「真人間になろう」と、人生で初めて「志」を立てました。**

今となっては、少年院や鑑別所で出会った大人たちは、私のことなど覚えていないかもしれません。しかし私は覚えています。**人との出会いや、誰かのちょっとした一言には、人を変える大きな力があるのです。**

器の大きな人間になりたい

「妻を幸せにする」「真人間になる」。

この2つを貫くために、まずは仕事をしっかりしようと思いました。妻の両親から、「結婚するなら、結婚式の費用は自分で準備しなさい」と言われたこともあり、どうすれば経済的に自立できるかを真剣に考えました。

私が選んだのは、インセンティブ報酬のある印鑑販売の営業の仕事です。お客さまからの頼みごとは、印鑑に関係がないことでも一切断らず、何でも引き受けて全力で働きました。それまで**他人に必要とされない人生を歩んできた私にとって、お客さまに感謝されることは何よりもうれしく感じた**ことを覚えています。

休日でも深夜でも、お客さまから要望があれば駆けつけ、自分では解決できそうにない相談には、その道のプロを紹介しました。そのうち「**困ったことがあったら溝端**

に電話しろ」と評判になるほど、私のもとにはお客さまからの相談が寄せられるようになったのです。やがて営業でトップセールスを達成し、結婚費用を貯めた私は、妻と正式な夫婦となれたのです。

しかし、それまで歩んできた過去の因縁は、そんなに簡単に私を手放してはくれません。反社会的勢力に所属した先輩から言いがかりをつけられトラブルになったり、就職でも不利になったり、噂話や陰口の的になったりすることもあります。

トラブルに巻き込まれるのは、今の自分が付き合えるのがその程度の人間だから。人としての器を大きくして、真っ当な人と付き合えるようになろう。人の器の大きさは言動に表れます。「**心を磨くこと**」**も私の目標になりました。**

私は、**人から信頼を得るには、隠しごとはないほうがよい**と思っています。隠しごとは心に蓋をしているようなもので、蓋をし続けると、自分がどうしたいのか、何を感じているかもわからなくなってしまいます。

これは私だけではなく、多くの人も感じていることではないでしょうか。「**隠しご**

とはオープンに。人に言えないことはない」といった気持ちでいるほうが、自分もラクになれると思うのです。

それでも周りからとやかく言われる場面もあるかもしれません。そのように言う人はたいてい小者です。自分の人生に一切関係のない「外野の人」であれば、放っておくのが賢明です。

お金に目がくらんだ失敗

「真人間になろう」と働いていたときに、私がやってしまった失敗をもう1つ紹介しましょう。

営業の仕事でトップセールスを果たし、順調に成績を上げ、上司から昇進の話がありました。しかし一向に実現される様子もないため、見切りをつけ、私は自分の会社を立ち上げました。

パールネックレスの販売事業を始めたのですが、さっぱり売れません。食品や日用品などの必需品と異なり、パールは贅沢品です。どうしても買わなくてはならないものではないし、好みも分かれます。

そんなとき、女性ファッション誌で「パールのネックレスは花嫁道具」というコピーを見かけ、「これだ！」という直感が働きました。花嫁道具が必要な層に向けたアプローチブックを作り、宣伝方法を変えました。そのアイデアが功を奏し、年商2億4000万円にまで会社を成長させることができたのです。

ここまでなら成功談で終わるのですが、私の失敗談は成功から始まります。

2億4000万円という見たことのない大金に気が大きくなり、派手にお金を使うことを覚えてしまったのです。自動車、自動車電話、投資用マンション、豪遊など、無駄な浪費に走る私を横目に、優秀な社員は1人、2人と辞めていきました。最終的に残ったのは社長の私と借金だけ。さらには190万円の税金の滞納が発覚。

資金調達と借りたお金で何とかしのぎましたが、このときの経験は「身から出た錆（さび）」かもしれません。「**稼げるようになっても天狗になってはいけない**」「**お金にだらしなくなると人は離れていく**」という、痛みを伴う学びになりました。

基本を徹底し、当たり前のことを守る

パールネックレスの事業を休眠させ、今後の人生をどうするか考えていた頃、母の事業を手伝うことになりました。その会社は、兄弟3人で健康食品を販売しており、売り上げはあるのに、仕入れた商品の代金が支払えない状況になっていたのです。

なぜこのようなことが起きるのか、少し様子を見ていたら、原因はすぐにわかりました。親族経営で甘えが出るのでしょう。あらゆるものがどんぶり勘定であることに加えて、せっかく回収した売掛金も使い込んでしまっていたのでした。

そこで私は経理を担当し、収入と支出の記録をしっかりつけるようにしました。やったのはたったそれだけでしたが、**5年が経つ頃には、倒産寸前だった会社の経営はすっかりよくなりました。**

会社を立て直すことができたのは、私が優秀だったわけでも、特別な策を打ったわけでもありません。この出来事から学んだのは、「**当たり前を守ることの大切さ**」でした。

特別なことより先に、基本を徹底する。それだけで思っている以上に多くのものが整うことを実感したのでした。

人に認められて、自分を認める

「青年会議所」での活動も、私を変えた出来事の1つです。30歳のとき、付き合いのある社長に誘われ、長野県上田市の青年会議所に入会しました。というのも、青年会議所に40歳まで入会すると卒業証書がもらえると聞いたからです。小学校、中学校と卒業証書をもらったことがない私にとって、卒業証書は魅力的でした。

青年会議所では、お祭りの運営、ゴミ拾い、青年育成といった地域のための社会貢献活動を積極的に行いました。**活動を通して仲間や地域の方々に認められることを経験し、少しずつ自信がついてきたことを感じていました。**そして40歳になると無事、卒業証書をいただくことができたのです。人生で初めての卒業証書です。

「志」を立ててから、私の世の中に対する見方も変わっていったようです。営業経験や青年会議所での活動は、**私も誰かに必要とされる存在であると実感**させてくれた貴重な経験でした。

それによって、**ようやく自分自身を認められるようになった**のです。

そんなとき、十数年ぶりに父と再会しました。私は父がしたことを決して忘れません。一方で、私が長野に発つ前日に、父を布団の上から殴り、父は黙って殴られていたことも忘れていませんでした。

しかし、2児の父となった私も、当時の父の気持ちが少しだけわかる気がしました。

「そろそろ父を許してもよいのではないか」

やっと、そんな気持ちが芽生えたのです。それから私は子どもたちを連れて父と食事をするなど、親子で交流を持てるようになり、父の最期も看取ることができました。

親との関係が、現在の悩みに影響する

今、私のもとに相談に来られる方の中には、「好きなことがわからない」「やりたいことがない」と悩む方もいます。その原因には、私のように親から虐待を受けたり、厳しいしつけに心が押さえつけられたりしたことも考えられます。親に反発し恨みを持ち続けることが、自分の存在意義になってしまっているのだと思います。

簡単に許せることではないと思いますが、本当は、**恨みを持ち続けている自分にも**

幻滅しているはずです。私は、そのような方々へ「**そろそろ、自分も親も、許してあげませんか**」と伝えたいのです。

人生の質は「誰と付き合うか」で決まる

今、私は、「**人生と仕事の質は、誰と一緒にやるかによって決まる**」と思っています。

相手を間違えると、思うような人生にならなかったり、回り道をすることになったりするでしょう。誰と一緒にやるかは、自分でコントロールできます。足を引っ張ろうとする人とは距離を置くなど、自分で選べるのです。

「人生と仕事の質を上げるには、誰と一緒にやるかが大切」とお伝えしましたが、**相手が自分に対して「一緒にやりたい」と思ってくれるとは限りません。**相手にも選ぶ権利があるからです。

だからこそ、**自分より優れた人に好かれる努力をし続ける必要があります。努力し、成長するから、出会う人も変わる。**それはこれまでの人生で私自身も実感しているところです。

「よりよい人間になると、暮らしもよくなる」。

これは、アメリカの漫画家シュルツが描いたコミック『ピーナッツ』に登場するスヌーピーの飼い主、チャーリー・ブラウンの言葉です。そして、まさに私の信念を表した言葉で、いろいろなところでお伝えしてきたことでもあります。

2020年のコロナ禍の期間、私は世界のさまざまな哲学を勉強しました。これまで私が大切にしてきた考え方の正体が何かを知りたかったのです。

そして、もっとも腑に落ちたのが、儒教の一派である王陽明が創始した「陽明学」でした。陽明学は「**心を正しく持つことが理にかなう行動につながる**」と説く学問で、知識と行動の一体性を重視します。

学ぶことはよいことですが、知っているだけでは不十分。知識を得たら、行動しなければなりません。

ところが行動できない人が多いのも事実です。行動せずに現実が変わることはありません。「なぜ行動できないのだろうか」「どうすれば志はできるのだろうか」といった自問自答を繰り返すうち、私は心の重要性に気がつきました。「心を磨くこと」です。**心に信じるものがない状態は、自分を信じられないことと同じ**なのではないでしょうか。心を磨くとは、「志」と同じです。

「志」とは、目的意識なのかもしれません。**最終的にどこにたどり着きたいのかがわからなければ、誰と付き合えばよいのか、そのためにどうすればよいのかもわからないでしょう。**

しかし、親や学校、会社の言うことを聞いているうちに、自分がどうしたいのかわからなくなってしまいます。私自身も、平穏ではない家庭環境と学校生活、人間関係に翻弄され、「志」がわからなくなっていました。それを取り戻すために必要なことが、人との出会いであり、人との対話なのだと思います。

ある調査によると、「親友がいるかどうか」の問いに「いる」と回答したのは7割だそうです。ところが半数以上は、「人に相談しない」と答えています。日本では相談するという文化が根付いていないのかもしれませんが、**隠しごとをしないで何でも話せる人が1人でもいれば、自分の本当の思いに気づけるのではないでしょうか。**

私も、息子が人生で迷っていると思われるときには、腹を割った対話を通して彼らの背中を押しています。

「志」を持ちたいけれど持てない。誰かに相談したいけれど、相談できる人がいない。そのような人のために、私は「魂学校」を作りました。

世界の見え方は、一人ひとりの心が決めるものです。境遇や能力が生き方を左右するのではありません。**「志」はすでにみなさんの中にあり、生き方、考え方によって**

ビジネスも結婚も、すべて上手くいくとお伝えしたいです。

9

子どもに寄り添い60年。「こころの目」で見つめ続ける子どもの未来

安部利一
RIICHI ABE

臨床心理士／公認心理師
１９３９年、島根県生まれ。島根大学教育学部を卒業後、１９６３年より島根県内の児童相談所にて勤務。36年間、家庭環境の問題を抱える子どもたちの支援に携わる。退職後は、島根県教育委員会のスクールカウンセラーや精神病院の臨床心理士、看護学院の講師として児童福祉の拡充に貢献。85歳となった現在も精力的に社会福祉活動を行う。

「理不尽な不幸」に対する反発

私は児童相談所の職員やスクールカウンセラーとして、さまざまな境遇の子どもたちに向き合う仕事を60年やってきました。

世の中には、本人の努力だけではどうにもならないことがたくさんあります。**その代表的な例が、家庭環境です。**親が子どもをいびり、暴力をふるう。これは、子ども側の努力だけではどうすることもできません。子どもたちの間のいじめも同じです。

こういったいわば「理不尽な不幸」は、弱い立場にある子どもたちに否応なく降りかかり、彼らの未来に暗い影を落とします。私は人生の大半を、こうした家庭環境の悩みを抱える子どもたちのサポートに捧げてきました。

私は最初からこの仕事を目指して勉強してきたわけではなく、こういう人生を歩んだのはある面ではなりゆきのようなものでした。それでも後から振り返ると、私の幼少期にこの仕事につながる要素があったようにも思うのです。

その1つは、私が生まれ育った家庭が貧困だったことです。

私は1939年、島根県東部の奥出雲で生を受けました。持病があった父は非常に病弱であったため、働いて家族を養うことが困難でした。代わりに父の長兄である伯父がわが家の経済的な面倒を見てくれていました。

母もまた体が弱く、病弱でした。それでも母が畑仕事をして野菜や米を作ってくれたおかげで、何とか戦後の食糧難をしのぐことができました。しかし、母の働きは現金収入にはなりません。母はお金が必要になると、畳に頭をこすりつけて伯父に頼み込みました。その姿を見るたびに、私は何とも言えない惨めな気持ちになったものです。

そんな貧困ゆえの苦労はありましたが、一方で両親は私に無形の財産を残してくれました。それは、「**誰に対しても分け隔てなく優しく接する心**」です。社会的には弱者に属する両親でしたが、私は両親の口から人を蔑むような言葉を一度も聞いたことがありませんでした。

私が小さい頃から差別意識を持つことがなかったのは、そのような両親の姿を見て育ったからではないかと思います。

小学校3年生のとき、重度の知的障害を持つクラスメイトのヒロくんが周りの子どもにいたずらをされている場に出くわした私は、思わずヒロくんをかばい、「やめろ!」と声を上げたのを今でもよく記憶しています。

もう1つの要素は、私自身、幼い頃から目が不自由であったことです。

小学校1年生のときに起こった不慮の事故によって、私は両目に大火傷を負い、左目を失明してしまったのです。右目はどんなに眼鏡で補正しても0.3が限界。いわゆる弱視になってしまったのでした。

私は生まれながらに強度の近視と斜視があり、目が弱い体質でした。それが、この事故で追い討ちをかけられてしまったわけです。

このように自分たち自身が弱者の立場を経験してきたからなのでしょう、成長するにつれて、私の目は社会的弱者に向くようになっていきました。**世の中にはびこる差別や偏見に対して私は心の底から反発を覚え、「理不尽な不幸を何とかしたい」と思うようになっていったのです。**

失明の危機を乗り越えて

児童相談所での職務経験を重ね40歳を過ぎると、それなりに心のゆとりが持て、「相手を見る」とはどういうことなのかが何となくわかるようになってきました。「この仕事は天職だ」と思えるほど、私は大きな充実感とやりがいを感じていました。

ところがそんな矢先、私に人生最大のピンチが訪れます。

眼科医に「99％の確率で失明する」と宣告されてしまったのです。告げられた病名は、網膜色素変性症。網膜の機能が徐々に失われていく進行性の病気で、有効な治療法はまだ確立されておらず、現在、難病に指定されています。

ご存じの方も多いと思いますが、緑内障に次いで失明する可能性が高い病が、この網膜色素変性症です。

もともと右目がかすかに見える程度でしたが、それが無になってしまったら……。仕事はもちろん、生活にも大きな支障が出ます。医師は私に、仕事を変えるように転職を勧めました。この仕事を継続するのは困難だと判断したのだと思います。

しかしそのときの私は、自分に視覚情報に頼らない感覚的なスキルが養われていることを知っていました。

鍛えられた想像力や判断力を最大限に発揮すれば大丈夫。だから、どんなことがあってもこの仕事を続けていこう。そう腹を括りました。

これは私の頑固さでもあったのかもしれません。**「せっかくこの仕事を続けてきたのだから、この先も続けていきたい」という強い思いがありました。**

転職して他の仕事を一から覚える選択肢は私にはなかったのです。

その後は、東洋医学に基づいた食事法を取り入れるなど、病気の進行を少しでも遅らせるための努力を尽くしました。その甲斐あってか、あるいはこの仕事に対する覚悟がそうさせたのかはわかりませんが、幸いにして、私の目は光を失うことはありませんでした。

絶体絶命のピンチを乗り越え、自分の好きな仕事を続けている——。私にとってこれ以上の喜びはありませんでした。

子どもには「味方」が必要

家庭環境に恵まれない子どもたちが、自分の将来に希望を持つために大切なこと。それは、**自分を本当に理解してくれる人の存在**です。キザっぽく言うなら、「味方」

でしょうか。

家族以外に、**いつも自分に寄り添い、支えとなってくれる人がいるかどうか。**それによって、心に大きなダメージを受けた子どものその後の歩み方が、大きく変わっていくのです。

私がこれまで接してきた子どもの中に、サオリという17歳の少女がいました。

彼女は中学1年のときから地域でも有名な非行少女で、万引き、カツアゲ、いじめに薬物乱用など、あらゆる悪事を働いていました。

彼女は中学3年生のとき、家出をして補導され、児童相談所に保護されました。私が彼女に初めて会ったのはそのときです。

「大人は信用できない」

彼女がその言葉を吐いたときの暗い目を、私は忘れることができません。

3歳の頃から継母に虐待され、耐えに耐えてきた多くの痛みや苦しみ――それらが、あるとき爆発するかのように、サオリは荒れ狂い非行に走ったのです。

しかしそんな彼女も、まだ社会を知らない10代の少女。時折見せる素直であどけなさが残る一面は、どこにでもいる10代の子どもと同じでした。

彼女はときどき授業をサボって、当時私たち家族が住んでいた公務員官舎に遊びにやって来ました。そして、「『たくあん』って、大根からできているんでしょう？ なんで大根なのに黄色いの？」と、素朴な疑問を私や妻に投げかけてくるのでした。

私も、元児童相談所の職員だった妻も、聞かれたことに対して丁寧に答えました。彼女を指導するようなことはせず、何かを指示することもありませんでした。

「外で疑問に思うこんなことを聞いたら、『バカじゃないか』と笑われるから聞けんけど、安部さん家では本音で話せる」とサオリは言い、次第に心を開いていきました。

彼女はそういう心から安心できる場を欲していました。サオリにはどんな自分でも受け入れてくれる「味方」が必要だったのです。

私も彼女からずいぶんと学ばせてもらいました。

1人でもいいから温かく見守ってくれる人がいて、自分は本当に支えられていると実感できれば、人間はまっすぐ生きられる——。そのことを教えてくれた体験でした。

見つめ続ける「子どもたちの明るい未来」

実にありがたいことに、退職後は現職のときよりも忙しく、老骨に鞭打って走り回る日々を送ってきました。この数年は徐々に仕事量を減らしているものの、85歳になった今でも現役を貫いています。

私の目がいつまで見えるかはわかりませんが、許される限りは、これまでの経験と専門性を生かしたボランティア活動や働きに勤しみ、今後も社会の役に立つことができればうれしく思います。

その1つとして考えているのが、書籍の出版です。私はこれまで、子育てに関する悩みをQ&A形式でまとめた本を4冊出版してきました。今後は、シリーズ5冊目となる続編を執筆したいと考えています。

私の名刺には「子どもたちに明るい未来を」という言葉が記されています。私自身がそうであったように、「**恵まれない子ども時代を過ごしても、明るい未来を築くことができる**」と信じる思いから、私は長年この言葉とともに歩んできました。

子どもの将来には大きな可能性があります。その可能性が開かれていくためにも、養育環境や教育環境が整う社会になることを切に願ってやみません。

10

「微生物の力で地球の課題を解決したい」。必然の使命に導かれて奔走する元園長

野本佳鈴
KARIN NOMOTO

EM親善大使
愛媛県松山市の公立小・中学校で35年間、教員や教頭として勤務。教員時代には、その取り組みをまとめた研究論文「生徒の心に残る道徳の時間の創造」で文部大臣奨励賞を受賞。愛媛県教育センターでは学校コンサルタント兼カウンセラーとして勤務。2008年に幼稚園の園長に就任。そこで有用微生物群（EM）に出会ったのを機に、EM推進活動に力を注ぐ。2016年から日本初のEM親善大使。

人生を一変させたＥＭとの出会い

私が有用微生物群（Effective Micro-organisms 以下、ＥＭ）と出会ったのは、今から16年前。35年間の教員生活や愛媛県下の学校コンサルタント、障害者施設の栄養士などを経て、２００８年に幼稚園の園長として再就職したときのことでした。

ＥＭとは、光合成細菌や乳酸菌、酵母などの自然界に存在する有用な微生物を集めたもので、英語の「Effective（有用な）」と「Micro-organisms（微生物たち）」の頭文字を取った造語です。農薬や化学肥料の代替技術として１９８０年に開発されて以降、自然農法の推進技術として活用されたのを機に世界中に広がりました。

現在では、環境、健康、医療、資源エネルギーなどのあらゆる分野で応用が進み、鳥獣害対策や放射能汚染対策、電磁波対策、さらには地震や台風や大雨といった気象災害対策にも用いられています。

微生物たちの力によって、あらゆる地球上の問題が安心・安全、簡単に、しかも安

価に解決まで導かれる。ＥＭは、地球を救う現代科学の最先端技術なのです。

このＥＭに巡り合ったおかげで、私の人生は大きく変わりました。まずはその出会いの物語に少しだけお付き合いください。

幼稚園が夏休みに入り、園長業務で慌ただしかった日々が少し落ち着きを取り戻したある日のこと。私は、園庭の隅にしまい忘れた「ままごと」のお皿を見つけました。みんなで「ごちそう」を食べたのでしょう、切り刻んだトマトやきゅうりに水を注いだ皿やお椀がテーブルいっぱいに並んでいました。

どうやら3日間はほったらかしになっていた様子で、私は少し身構えながらお皿に近づき、中をのぞき込んでみました。すると、想像していたのとはまるで違う状態がそこに。どれもかぐわしい匂いがしている上、水の表面が白っぽくなっていたのです。

「これは発酵のすがただ！」

私はすぐにピンときました。

とはいえ、真夏に3日以上も放置された野菜が、腐敗することなく発酵が進むとは一体どういうことなのか……。考えてみると、子どもたちが使っていたのは**園でEM栽培された無農薬野菜。**私はこのとき「腐敗と発酵の違い」を思い知るとともに、EMのすごさを直感的に理解したのでした。

当時の私は、まだEMについて何も知りませんでしたが、このときに受けた衝撃から、EMについて詳しく調べ始めました。EMの開発者である琉球大学名誉教授の比嘉照夫先生が書かれた本をたくさん読み、EMについての学びを深めていったのです。

EMのおかげで人気園に

それからというもの、私は園内のありとあらゆる所にEMを活用するようになりました。米のとぎ汁を発酵させ、それを1/7〜1/1000の濃度にした発酵液をトイレの消臭対策や床の掃除などに使ったり、夏の簡易プールの中に入れたりしました。

とくに効果を発揮したのは、各種ウイルスの感染対策です。

かつてはスペイン風邪とも呼ばれましたが、この年の冬もインフルエンザが大流行。そこで、濃度を適宜変えた発酵液で通園バスの座席シートや子どもたちが使った後のおもちゃを拭き取り、発酵液を空中散布して加湿するなど、徹底した感染対策を行いました。

その結果、近くの園では80人という感染者数が報告される中、当園の感染者はゼロ。兄弟がいる家庭では家族間の感染リスクが高まりますが、うちの園に通う弟だけは園で過ごしている間にウイルスが不活性化されるため、家族の中でただ一人インフルエンザにかからない。そんなご家庭もたくさん見られました。

おかげで、この冬は、周囲の幼稚園や小学校が軒並み休園・休校となる中で、うちの園は一度もお休みになりませんでした。

日頃のこうした取り組みは、保護者の間でたちまち口コミとなって広まり、「あそこの園は、子どもたちの健康のために惜しまずお金をかけてくれる園だ」と、地域のお母さんたちの心をつかみました。

実は私が園長に就く前、この園は園児が定員割れに近い状態で、深刻な経営難に直面していました。定員に満たないと行政から100％の補助金がおりず、予算がカットされてしまいます。この園を運営する会社のオーナーさんは、「何とかしなければ」と頭を抱える状況でした。

ところが、**EM効果で今度は定員があふれてしまい、入園をお断りしないといけなくなるほどの人気園になった**のです。

ここまで徹底したEM活用ができたのも、そのオーナーさんの意向で「職員はみな、EMの基礎を理解し学びを深めること」という企業方針がベースにあったおかげでした。園長である私が出す指示に対して、すぐに実践に結びつく恵まれた環境が育っていたというわけです。

周囲の園では例を見ないこのようなEM活動への取り組みによって、小さな微生物たちの大きな力を実感することができた私は「**地球を救ってくれるのはEMだ！**」と、次第に確信を深めていきました。

微生物は生きている――。

EMの力を信じ、真摯に向き合えば向き合うほど、そして直感的に楽しむほど、そのミラクルな働きに私は強い驚きと感動を覚えました。

またEMを活用していけばいくほど、いろいろなことが見事に整っていく。その実に不思議な様に、私は自然界の摂理を思い、深い畏怖の念を抱かずにはいられませんでした。こうして微生物の存在の偉大さを教えられるたびに、私の心（魂）は震えたのです。

放課後子育て支援を結成して、退職の危機を乗り越える

私は、幼稚園で働く先生たちの働き方を抜本的に見直すなど、ありとあらゆる改革を推し進めました。再就職といえども、まだまだ働き盛り。このときボランティア関係のNPO法人の理事長も兼任していました。

ところが、私の意志に逆らうように1つの危機が訪れます。

それは、孫たちの「ばあば」としての役回り。とくに息子夫婦はともに高校の教師として務めているため多忙な日々を送っており、私に「孫の面倒を頼む」と退職を迫ってきたのでした。

EMにすっかり魅せられ、今後はEM活動の拡張も視野に入れていた矢先のこと。

「このままでは孫の世話でこれからの人生が終わってしまう……」

そう思った私は、迷わず放課後子育て支援施設をつくろうと動き出しました。それも、ただの支援施設ではありません。**小児科とタクシー会社を連携させた、送迎サービスもある病児保育付き、放課後子育て支援施設**です。

私が任されていた幼稚園やNPO法人を運営する会社は、幼稚園・保育園の他にも介護施設や病院、障害者施設や賃貸マンションの経営など、地域で40もの施設を管理運営する異業種の集合体のような企業でした。私は、この会社が運営するタクシー会社と小児科、放課後子育て支援施設の3つを連携させ、保育中の子どもの急な発病にも対応できる仕組みをつくりました。

園から連絡を受けると、看護師を乗せたタクシーが園児を病院まで送り届けてくれる。診察後は、症状に合わせた対応を行い、親が職場を早退しなくてもいいように19時まで預かってくれる。そんな世の中の働く親たちの「困った」に手が届く「子育て3点セット」を考案し、会員制にして入会費3000円を支払えば利用できるようにしたのです。

実は当初は、病院には内科はあっても小児科はありませんでした。**ないのなら、つくってしまえばいい。**そこで、さっそく私はオーナーさんを口説きに行きました。「こんなサービスがあったら親は大助かりなので、結果的に優秀な人材の採用にもつながります」と訴えると、オーナーさんは納得してくださいました。そして次に、高齢者施設で施設長をされていた小児科医師を口説きました。

こうして私は、当時、松山市に1カ所しかなかった病児保育対応の小児科病院を超える、長時間預かりが可能な病児保育を目指し、「子育て3点セット」の新設にこぎつけたのでした。

このサービスはグループ会社で働く社員の間で話題になり、**あっという間に年間2000人の利用者が出る小児科病院になりました。** すると、その噂を聞きつけた医療従事者や地方の議員さんたちが、全国から見学に訪れるようになったのです。

翌年には業績が認められ、松山市から運営のための補助金をいただけるようになりました。私はそのとき、同じ要領で小学校に上がる孫のために、学校までタクシーが迎えに来てくれて、日本の伝統文化や英語、中国語が学べる学童保育をつくりました。

これは余談ですが、私は何か違和感を覚えることがあると放っておけない質で、教員時代から行くところどころで「**マルサの女**」と呼ばれていました。「これは何かが足りない、おかしい」と直感が働くと、じっとしていることができず、即行動に移してしまうところがあります。

正義感を盾に自ら警察や刑事役を買って出るつもりはないのですが、**元来の好奇心の強さも手伝って、とことん調べ、探り……。つい〝マルサの女〟を発揮**してしまうのです。

しかしこういった性分が世のため人のためになることにつながり、私は周りから重宝される存在だったように思います。

すべての出来事は「必然」

私は2016年から日本初となる「**EM親善大使**」を拝命し、現在もEMを社会の公器にするためのさまざまな活動を行っています。

EM親善大使とは、EM研究機構が認定する制度で、EMに生涯をかけ、その国のEM化に資する人や多大な貢献をした人の中から1人が選出されます。光栄にも、私はその役目を数年にわたって仰せつかり、**微生物たちが与えてくれる多くの恩恵を余すことなく伝えることを自らの使命としています。**

一時は、「私の務めはすべてやり切った。今度こそ引退して孫の世話をしよう」と考えたこともありました。しかし、オーナーさんが「あなた、まだまだやることが残っているでしょう」と言って、私のためにEMの研究所をつくってくださいました。これが私にとって思いがけない、大きな転機となったのです。

その後は園長職を退き、本格的にEM推進活動に取り組むための新しいスタートを切って現在に至ります。

これまでの人生を振り返ると、決して平穏無事とは言えない歩みでした。校内暴力が激しく荒れた子どもと向き合った教職員時代。校長による壮絶ないじめを経験し、死を考えたこともありました。しかし、いつも不思議なご縁と導きによってまぬがれる道が用意され、新たな道が開かれて、ここまで来ることができたように思います。

私は過去にさまざまな心理学を学んできましたが、その中でもスイスの心理学者ユングが提唱する「共時性」理論が大好きです。

一見、偶然に起こっているとと思われるどんな出来事も、実は必然的に起こっている――。その必然性に目を向けたとき、「**過去のつらい出来事でさえも、自分の使命を果たすために必要な準備だったのだ**」と受け止めることができます。

すべては必然であり、幸せはときに不幸な顔をしてやってくる。そのことを悟ったとき、一つひとつの出来事の意味を噛み締めながら、**すべてが前に進むための力に変わっていく**のを私は静かに感じました。

逆境の中で見続ける真実

ここまで私とＥＭとの出会いを紹介させていただきましたが、「それほどよいものなら、なぜ広まらないのか？」と疑問を持たれる方もいらっしゃるかもしれません。

新型コロナウイルス感染症の拡大をきっかけに、ＥＭを取り入れた生活を始める方が増えました。環境問題や健康に関心が高い方であれば、微生物の力で有害な状況を改善することの意義に気づくでしょう。ＥＭの活用は決して難しくないので、志がある方ならすぐにでも始めることができます。

しかしながら、日本ではまだＥＭの普及が一般的とは言えません。

その背景にはさまざまな事情がありますが、**ひとつの大きな要因として、政府や公的機関から承認を得られていない**ことがあげられます。

たとえば、化学肥料や農薬が「環境や健康によくない」と広く認識されていても、国は「安全性に問題はない」として使用を認めています。それに対して反対意見を述べているのがＥＭですから、公的な立場から「ＥＭはよいものです」と旗を振りにくいのです。

また、公的にＥＭを認めることで、一部の学者の研究が否定されたり、化学肥料や農薬をつくる企業に悪影響が出たりすることも懸念されます。このようなことから、現役中の公務員のほとんどはＥＭに反対するのです。ところが、引退後に家庭菜園などで実際に使ってみると、ＥＭのよさを体感する個人は大勢おられます。

私たちの取り組みは、**白鳥哲監督が2019年に公開したドキュメンタリー映画**

『蘇生Ⅱ』でも取り上げられました。 この映画は、東日本大震災直後から8年間にわたり「地球蘇生プロジェクト」を追跡取材したもので、汚染された環境がＥＭ活動によって再生していく歩みを映し出しています。

この映画が世界各国で上映されて以降、ＥＭの真実を受け止めてくれる人が増えたのは喜ばしい反響でした。しかし、私たちが**どれほど地球環境に貢献しても、政府がＥＭを認めようとしないのが悲しい現状**です。詳細に調べることさえ拒まれるのは残念でなりません。

沖縄に「比嘉ＥＭ総合大学」を、福島に「ＥＭ研究所」をつくる！

そこで、私がここ数年で実現したいことのひとつに、「ＥＭ総合大学」の創設があります。ＥＭ開発者の比嘉先生が琉球大学の名誉教授であることから、沖縄につくりたいという特別な思いがあります。

この大学では、ＥＭの基礎知識や微生物のパワーを引き出す仕組みを体系化した

「比嘉セオリー」をベースに、農業や畜産、量子物理学、建築工学、東洋医学、教育、芸術など幅広い分野を学べるカリキュラムを組もうと構想しています。

この学校が、**老若男女問わず、世界中からEMについて学びを深めたい人々が集まる場となり、国内の普及を後押しする存在**になることを願ってやみません。

それからもうひとつの目標として掲げているのが、福島県に「EM研究所」を新設することです。

ご存じの通り、福島県にある東京電力福島第一原子力発電所では、放射性物質を含む水を浄化した「処理水」が数多くのタンクに貯蔵されています。このタンクの数は増え続け、現在では1000基を超えるといわれています。

今後、本格的に廃炉作業を進めるには、このタンクの数を減らす必要があり、貯蔵された処理水を海に放出する以外に方法はありません。国は「処理水は安全基準を満たしており、環境や人体に影響はない」としていますが、それが本当に真実なのか、疑問が残ります。

放射能で汚染された福島の田畑や森林が、ＥＭ活性液（ＥＭ研究機構から10年間無料で提供された）の使用によって安全な作物に育っていることは明らかです。そのことは『蘇生』の映画でも紹介されていますが、残念ながら、日本ではきちんとした研究機構でそれを証明する取り組みが行われませんでした。

ましてや、処理水を研究所のある沖縄まで運ぶことが難しいため、その成果をまだ実証できていません。そこで、福島に新たな研究所を設立し、実証の場を整えようというわけです。

この研究が証明されれば、**処理水を海に放出する必要がなくなり、日本の漁業問題をはじめとするさまざまな環境問題の解決の糸口となる**はずです。

「必然の出会い」が夢の実現を後押し

このように、現在、描くビジョンに向かって着実に進んでいるものの、目の前に立ちはだかる大きな障壁が１つあります。それは、活動資金のやりくりです。

全国から寄せられるさまざまな相談に対して、私たちは精一杯のサポートを行っていますが、活動に対する報酬をいただいているわけではありません。大きなやりがいを感じる一方で、どれほど人々に喜ばれる取り組みを行っても直接的な利益に結びつかないことが切実な課題となっています。

しかし、これもまた不思議なご縁によって、乗り切れる兆しが見えてきたのですから、本当に驚くばかりです。

志を持って「これをやりたい」と強く願っていると、さまざまな人とのご縁が生まれて、気づけばすごいことができている……。まるでパズルのピースがカチッとはまるように、いろいろなことがつながり形になっていくのです。

これまでも、ＥＭ研究機構は何度も倒産の危機に瀕しましたが、そのたびにどこからともなく援助の手が差し伸べられ、今日まで活動を続けることができています。

今回も私は、志を一にする水素エネルギーの会社とのご縁に恵まれました。この会社は、天然鉱石と水だけで水素を生成する特許技術を持ち、CO_2ゼロに向けた環境問題の取り組みで世界的な注目を集める素晴らしい企業です。
この素晴らしい出会いに感謝するとともに、**私は「必然」を感じずにはいられません。**

ＥＭの普及によって、農薬や化学肥料を使わない抗酸化力の高い作物をつくることができます。そうすれば、**健康問題や環境問題をはじめ、あらゆる問題を善循環的に解決することが可能**となるでしょう。

私の年齢は80に近づいていますが、このＳＤＧｓの夢構想が私の毎日に活力を与え、人生を実り多きものにしてくれています。まだまだこれから。

せっかくいただいたいろいろな出会いを世のため人のために役立て、これからの人生を楽しみつつ頑張りたいと思います。

11

挫折を経て、生徒と向き合い続けた教育現場40年

小田切秀穂
HIDEHO ODAGIRI

元公立高校教諭・予備校講師

1956年、神奈川県横浜市生まれ。京都大学農学部畜産学科卒業後、神奈川県農政部に就職。2年勤務した後、神奈川県の県立高校の教員に転職する。3年目で教育現場を離れたが、卒業後に復職。定年後も予備校を中心に教壇に立ち、教育現場に40年以上関わり続けている。

著書に『だまされない「学び」のために』（文芸社）、『教育というアコギな商売』（22世紀アート）、『東京大学、いいところなんじゃない。僕、行かなかったけどね』（22世紀アート）がある。

「教える」ことへの興味はなかった

私は学校の教員だった両親の下で生まれました。

「教育」という仕事が身近にあったはずなのに、実は「教える」ことに興味を感じたことはなかったように思います。むしろ、「教え子」という言葉には違和感を今でも抱いています。「教える」という言葉も、私にはどうしても上から目線に聞こえてしまうのです。教員というものは「教える」のではなく、自分の思うところを生徒に語ればよいのではないかと思います。「生物」について語り、理科について語り、サイエンスについて語る。社会について語り、ときには人間について語ってもよいかもしれません。それをどう受け止めるかは一人ひとりの生徒次第ではないでしょうか。

大学生の頃も、自分が教員として教壇に立つ未来など想像すらしていませんでした。にもかかわらず、私は結果的に高校の教員として30年以上勤め、60歳で定年を迎えてもなお、教育現場に関わり続けています。

「教師が天職か？」と問われれば「そうかもしれない」と答えるでしょう。嫌々続けていた仕事ではなく、私の人生にとって、やりがいを見出せる貴重な場でもあったからです。「教育者」という言葉にはどれだけ違和感があっても、生徒たちから反応がもらえる瞬間は今でもうれしいものです。

現在私は68歳。予備校を中心に、高校や大学の教壇に立ち続ける日々を送っています。教育の現場では、いまだに多くのことを学び、自分なりの「教える」姿勢が少しずつ形成されているのを実感しています。

それは、決して理想通りではなく、試行錯誤の中で形作られたものです。40年以上教育現場に関わってきた中で、数え切れないほどの葛藤や迷いがありました。自信を失いかけたこともありました。１つの職を極めることだけがあるべき形とは思いません、また職を極められたとも思っていませんが、**どんな困難な場に遭遇しても、「粘り強く」やってきた自負はあります。**

人生には誰しも乗り越えるべき幾つもの壁があります。私にとってその壁の大きな1つを乗り越えられたのは、東京大学へ進学し、学び、研究できたことでした。そのときの経験が、その後の人生の礎となったのです。

「受験戦争」の中で生きた時代

私の両親はともに小学校の教員でした。母は10年ほど教員として働き、妹の出産をきっかけに家庭に入りましたが、父は定年まで教育に情熱を注ぎました。

その影響もあってか、両親からは「教員免許だけは取っておきなさい」と言われていました。この言葉には「教員になれ」という強いメッセージではなく、「将来、とくにやりたいことがないのであれば、教員をやってもいいのではないか」という程度の意味が込められていたのでしょう。

結局、受験生の私は教職関連の学部に行く気など全くなく、京都大学の農学部に進学しました。農学にとくに強い関心があったわけではありませんが、**「偏差値教育」に毒されて育った私には、偏差値の高い大学に行くことが価値のあることなのだろう**と思っていたのです。世間もそのように言っていたように思います。それは今も変わらないのではないでしょうか。見方によっては今のほうがその傾向は強くなっているかもしれません。

「勉強するのが当たり前」「大学に行くのも当たり前」。そうした思いをもった両親の下で育った影響は大きいと思います。

そのため、私自身「東大へ行くのがよいのだろう」と思っていたこともありました。周囲を見渡せば東大進学を希望する人も多く、偏差値の高い大学を目指すことはごく自然な流れだったのです。

しかし、「みなと同じ道を歩むのも今ひとつおもしろみに欠ける」「家を出て生活してみたい」といった思いもあった私には、少し違う選択肢として京都大学はまたとない大学でした。「農学部」には若干偏差値的な「お得」感もありました。結果として進学したのは、「農学部畜産学科」です。第1希望の学科に合格するには得点が不足していたようです。行き着いた先が「畜産学科」でした。昔から動物や生物に対する興味もそれなりにあり、「畜産の勉強をするのも悪くないかもしれない」と思った私には悪くはない結果だったかもしれません。

つまるところ、ただ偏差値が高く、「学歴としてそれなりに見栄えがよく」、両親が喜んでくれる大学ならどこでもよいということであったようにも思います。

理想と現実のギャップに苦しむ日々

大学卒業後、私は神奈川県の農政部で働くことになります。配属先は大野山乳牛育成牧場で、県内の酪農家からメスの仔牛を預かって育成する事業に携わっていました。

当時、農学部で学び、「日本の農業のありよう」について少しは考え出していた私には安定した公務員として、農業の現場で働けるこの職場に強い魅力を感じていました。

しかし、牧場での仕事を始めてまもなく、大学で学んだ「農業の理想」「あるべき社会の姿」と現場の「農業のおかれた現実」「農業政策のありよう」とのギャップを痛感しました。そこには大学で多くの教授が否定的に語り、改善しなくてはいけないと言っていた状況が圧倒的な現実としてありました。

また、牧場という現場で、農家のおじさん、おばさんと一緒に農作業していく中で、自分の経験のなさ、力のなさを痛感させられました。杭ひとつを打つにしても明らかに違う。**思い通りにいかない仕事を前に、「自分の能力のなさ」に幾度となく愕然としました。**

このように、理想と現実の狭間で葛藤するうちに、自分が農業政策に深く関わっていくビジョンも見えなくなり、就職してからわずか2年で退職を決意します。

その決意の先にはいつも何となく思っていた「いろいろやってみて上手くいかなければ、教員にでもなればいいか」という思いがあったように思います。

振り返ってみれば、当時の日本は高度経済成長期。「他にやりたいことがないから先生になる」という人は決して珍しくありませんでした。こうした人たちを「でもしか先生」と呼んでいた時代です。

私も教員に特別な情熱を抱いていたわけではなく、「やりたいことが見つからなかったら教員でもやるか」という気持ちで教員免許を取りました。ただ教員の仕事には当時は圧倒的な自由がありました。それは極めて魅力的なものであったように思います。上司から指示されることもほとんどなく、時間的なゆとりは十分にある。ただ、自由であるということは、すべて自分で決めなくてはいけないということでもあり、それはそれで大変であったかもしれません。

教壇に立って実感した自身の未熟さ

こうして私は、結果として公立高校の教員になりました。

小学校に入学して以来大学を卒業するまで予備校も含め17年間を「学校」で過ごし、数限りない授業を受けてきました。そのため「授業くらいそつなくこなせるだろう」と、かなり傲慢な気持ちがありました。しかし、現実は想像以上に厳しかったのです。

私が気づかされたのは、**自分が思っていた以上に無知である**という現実でした。生徒や保護者からの苦情や、他の教員からの指摘があったわけではありません。にもかかわらず、授業を重ねるごとに、「**こんな授業を聞いていて生徒がおもしろいはずがない**」**という思いが頭を離れなくなったのです。**

私が教える理科の授業では、それは何も理科にかぎったことではないと思いますが、教科書通りの内容をただ伝えるだけでは、生徒たちの関心を引くことはできないと感じていました。教科書には限られた範囲の知識しか書かれておらず、それをそのまま伝えても、生徒たちにとってはそうおもしろくもない、新鮮味もないただの情報にしか過ぎないように思います。

「教える」という行為には、豊富な知識と「深み」のある洞察力が必要だと思いました。物事の成り立ちや、科学の考え方の奥深さを伝えなければ、本当の意味での理解にはつながらない。私が授業で伝えたかったのは、単なる理論や公式ではなく、物事の捉え方や生き方のヒントになるようなことでした。

しかし、当時の私はそれを語れるほどの幅広い知識など持ちあわせていなかったのです。

教員3年目を迎える頃には、授業はそれなりに形になってきていたかもしれません。しかし「自分はこのままで本当にいいのか?」と自問する日々が増えていきました。教員としての経験が積み上がるほどに、自分の力量のなさが強く感じられてきました。真面目な大学生でなかったわけですから当然のことです。本なども結構読みましたが、いろいろと知れば知るほどに、「仮説を立てて実験を計画し、データをとる。推論し結論に導く」そういうサイエンスの基礎的なことを全くやってきていない。力が決定的に欠落しているということを痛感しました。

そんな日々の中で私は「**教員をこれからも職業としてやっていく以上、このような状態で続けていってはまずいのではないか**」という思いが強くなっていきました。そして「大学院にでも行ってみるか」という考えが芽生えてきました。

そしてその結果として行きついたところが、「まずは大学院を受けてみる」ということでした。

挫折から見出した東大進学への道

もう一度大学に入って、「学び直し」を決めたときの私には、「仕事を辞めて大学院に行く」というような覚悟はありませんでした。定時制に変われば、昼間大学に行けるのではないかくらいのことを思っていました。事実、私が高校生だったとき、昼間は早稲田の大学院に行って、夜、定時制で勤務している先生がいました。

そう簡単には大学院に入れてくれるとも思えないので「まずは受けてみるか」というくらいの気持ちでした。大学院へ行くとして、どこの学部のどのような学科に行くかが問題です。とくにこれを研究したいという強い思いがあるわけでもありません。東大なら一通りの学科はあるだろうと思い、問い合わせたところ、「今年の受験ならまだ間に合いますよ」と返事をもらったのです。受けることにしました。

取り寄せた募集要項の中で「動物学科」という文字が目に留まりました。曲がりなりにも京都大学では畜産学科を卒業しました。「動物」ならなじみがあります。生物への興味を掘り下げ、自分を成長させられるような気がしたことを覚えています。

受験に向けてそこまで勉強をしていたわけでもなく、その年に受かるともそうは期待していませんでした。誰も受かるなどとは思っていなかったと思います。

試験もできる限りの力は尽くしてきましたが、そんなにできたとも思えませんでした。しかし何が起こるかわからないものです。「幸運にも」なぜか合格者の中に私の受験番号がありました。

しかしそれからがまた一悶着です。私は仕事を辞めて行くつもりはありませんでしたが、先生から「そんなことでは面倒をみることはできない。来るなら辞めて来なさい」と言われました。当然だと思います。当時の私は全く物事がわかっていませんでした。どうしようか、多少迷いましたが、「これを逃したら二度とこのような機会はないだろう」と思い、「退職して東大大学院に行く」という道を選択することとなりました。

東大へ進学してから、私の生活は一変しました。

それまで公務員として安定した職に就いていたときの保証はもうありません。妻の扶養家族というわけにもいかないので、生活費や学費を賄うために、私は予備校講師のアルバイトを始めました。いわゆるフリーターです。自分で学費を払い、時間をかけ、労力を費やしての挑戦です。無駄にするわけにはいきません。悔いが残らないように学ぶことに専念しました。初めて真剣に学んだと思います。京都大学で送った学生生活とは全く別次元のものとなりました。

驚いたことの1つは、こうした不安定な状況に自ら飛び込めたことです。

しかし、**どんなに先行きが見えなくても、学びに対するモチベーションは格段に高まっていた**と思います。

2年間の学びで得られた知識は、量としては限られたものかもしれません。しかし、この経験から得た自信、物事の捉え方、考える道筋等得られたものには限りないものがありました。一生ものの財産です。この東大進学の経験が、私にとって人生の大きなターニングポイントとなったことは間違いありません。

喫煙、いじめ、暴言……荒れた生徒と向き合う

東大での学びを経て、再び教員の道に戻った私は、とある高校に赴任しました。しかし、ここで人生最大のピンチが訪れます。

この学校だけが荒れていたわけではありません。1980年代後半の日本社会では「校内暴力」が社会問題となり、暴走族や暴力事件、いじめが頻発していました。そのような学校が少なからずあり、その中では赴任した先はまともなほうであったかもしれません。それでも大変でした。

どのような学校でもその多くは真面目な生徒です。しっかりと高校生活を送るために学校に来ています。しかし、当時は第2次ベビーブームの世代が高校生となり、過大校が数多くありました。クラスに2、3人、問題行動を起こす生徒がいると学年で

は数10人になります。学校全体ではすぐに3桁になります。問題は頻発します。

たとえば、喫煙やバイク通学などは大した問題ではありません。それなりに指導しておけば済みます。暴言、暴力、いじめなどトラブルの内容は多岐にわたりました。まずは一人ひとりの生徒の人権を守らなくてはなりません。それは題目として言うことは簡単ですが、実際に実行していくとなると困難を極めます。とくに真面目に高校生活を送っている生徒たちの学習権が侵害されてはいけません。彼らの人権を守る責任を重く感じていました。**「このまま教員を続けていけるのだろうか……」と不安に駆られる状況が日々続いていきます。**とくに最初の3年間は厳しい状況が続いたと記憶しています。

しかし、学校としてあきらめずに一つひとつの問題に向き合い、粘り強く指導を続けていくうちに、少しずつ生徒たちが変わり、学校が変わっていきました。

入学してくる生徒の質も変わり始め、学校全体の評判も上がっていったように思います。

教員としても、人としても、この経験は私を大きく成長させたものであり、葛藤を抱えながらも過ごした日々が、今となっては懐かしくも誇らしくも感じます。

当時、職場を逃げ出したい気持ちに襲われたことは何度となくあります。**「ここはやり抜かねばならない」という意地もあり、この場に踏みとどまることを選びました。**「忍耐強く」「粘り強く」と言えば聞こえはいいですが、「教壇に立ちたくない」と思ったことは幾度もありました。

しかし、この3年間を乗り越えたおかげで自信がつきました。**どんな局面においても、ほとんどの場合、何をすればよいかということが明確に見えるようになりました。**それはかけがえのない力となりました。当時はつらかったですが、今となっては教員という仕事の意義を深く実感させてくれるよい経験になりました。

生き抜くための「コミュニケーション能力」

生き抜くために必要な能力は何かと問われたら、私は「コミュニケーション能力」と答えます。

単に会話ができる、話を聞くというだけでなく、相手の意見に耳を傾け、それに対して自分の考えや疑問をはっきりと伝えられるかどうか。**双方の意見を共有しながら、お互いが理解を深めていく、という意味においてのコミュニケーション能力**です。

たとえば、会話が成立すれば、必ずしも同意には至らなくても、少なくともどこかの着地点に辿り着くことができます。意見が一致しないとしても、そのやりとりの中で自分の考えが磨かれていくはずです。

また、最初は独りよがりだった意見も、相手との対話を通して柔軟になることもあります。違う意見に触れる経験をたくさん積むことで、新たな視点を得られます。**こうした蓄積によって、次に直面する問題や状況に柔軟に対応できるようになる**のだと思います。

ただ、中にはコミュニケーションが苦手な人もいるでしょう。私は長い教員生活を通して、さまざまな子どもの個性に触れてきました。しかし日本の教育は、家庭や学校で一方的に指導される場面が多いように見受けられます。

親や教員の言うことに従うだけで、自分の意見を自由に表現する機会が少ないのかもしれません。**「なぜこれがダメなのか」「なぜこうしなければならないのか」を自分の頭で考え、その考えを伝えることに慣れていない**のです。それは親や教員など、一人ひとりの大人が自分の頭で考え、自分で判断していないからだと思います。

こうしたコミュニケーションが苦手な子どもたちに対して、どのように接するかは非常に難しい問題です。しかし、「苦手だから」と簡単にあきらめてしまっては成長の機会を逃してしまいます。

かつて教育者であったクラーク博士の「**Be Gentleman（紳士たれ）**」という言葉をご存知でしょうか。

クラーク博士が言う「紳士」とは、「**紳士たる者、定められた規則を守ることは言うまでもない。しかし、それは規則に縛られて行動することではなく、自己の良心に従ってすべきものである**」ということを意味します。私はこの言葉が、教育のすべてを物語っているとさえ思っています。

「あれもこれもダメだ」「こうしなさい」という縛りの多い教育では、子どもの個性は伸びません。教員や親などの大人が、対話を通して子どもたちの考えや気持ちを引き出していくべきだと思います。

この姿勢は子どもだけでなく、大人同士の関係においても同様です。

社会に出れば、価値観の異なる人々と関わる機会は増えていきます。そのとき大切なのは、**相手の意見を尊重しながらも、自分の信念を適切に表現し、建設的な会話を生み出す力**ではないでしょうか。私はそう思います。

「継続」も「見切ること」も大事

教育の現場に立つ中で、ときに困難もありましたが、その度に私を支えてくれたのは、周囲の人々です。

私は生まれつきそう楽観的な性格ではありませんが、ポジティブな姿勢を持ちたいといつも思ってきました。極めてポジティブな考え方を持つ人間に何人か会いました。なぜ彼らはあれだけ常にポジティブでいられるのか。それは天賦の才なのかもしれません。不思議です。しかしできるだけ彼らの姿勢を参考にし、前向きに進む努力をしていきたいと思っています。

どのような現場においても転職をするという選択肢は私にはありませんでした。「ここで頑張り抜くことが最善の選択だ」と自分に言い聞かせ、困難にも対峙してきました。物事を粘り強く続けることが、いかに自分の成長につながるかを、身をもって体験したと思います。

しかし、私が考える継続の重要性は、単に同じことを続けるだけではありません。**「こっちじゃない」「この方法は正しくないのではないか？」などと思ったら、勇気を出して見切りをつけることも大切です。**方向転換をしたり、他の方法を探ったりすることは決して悪いことではないからです。場合によっては、それは極めて重要なことです。

気をつけたいのは、単に「嫌だから」「つらいから」といった一時的な感情を理由に手放そうとしてしまうこと。**何かをやめるのは、何かを続けていくことより簡単**です。

そうではなく、今自分に必要な努力だと思うなら、そこを突破するために頭を使う。**うまくいかないことがあっても、考えられる限りのことはやり尽くしてみる。**自分がどこまでやり切れるのかを見極め、そこまでは粘り強く取り組むのです。

それが、夢を追いかけることの本質なのかもしれません。

私の教員生活も、決して平坦な道のりではありませんでした。しかし生徒たちと関わる中で、次第に「教えることがすべてではない」という教育の奥深さに気づきました。

そして、気づけば40年以上が経ち、今もなお教育現場に立ち続けている自分がいます。自分の教員人生を振り返って「自分でやるべきだと思ったことをやってくることができた」と思っています。おそらく、いい教員生活を送れたのだと思います。

みなさんも、自分が選んだ道を歩む中で、さまざまな壁に直面することでしょう。そんなとき、**立ち止まることを恐れず、安易にあきらめることもなく、粘り強く前に進んでいってください。**必ず、その先に新しい景色が見えてくるはずです。

12

「できない」が教えてくれた未来へ続く道

深代光治

MITSUHARU FUKAYO

酪農発明家

北海道野付郡別海町生まれ。開拓農家9人家族の末っ子として育ち、高校卒業後、実家の深代牧場を継ぐ。地域では、多数の牛達とスタッフに囲まれるようになり、2020年に株式会社ユナイテッド牧場として法人化。60歳を過ぎてからは「困っている人を助けたい」との想いから発明家としても活動を開始。2022年日経新聞スタートアップピッチ予選突破。有限会社アグリプロジェクト代表として世界展開を視野に挑戦を続けながら、独自の経営哲学で人を大切にする経営を実践。

周りと「違う」ということ

幼い頃から、私は周りの子どもたちとは少し違っていました。

物事の考え方が違う。見方が違う。やりたいことも違う。そんな「違い」はときとして孤独を感じさせ、反発を買いながらも、新しい道を切り拓くきっかけとなったのです。

北海道野付郡別海町、開拓農家の末っ子として生まれた私には、5人の姉がいました。血液型はA型で、ひつじ年のおとなしい少年でした。何をするにも、家族中から「危ない」「ダメだ」と言われ、まるで秋の麦踏みのように、伸びようとする芽を踏まれ続けた日々を過ごしていました。

そんな中、一人の先生との出会いが、私の価値観を大きく変えることになりました。

小学校2年生か3年生の夏のこと。子どもたちが水遊びできる場所をつくろうと、一人の先生がステテコ一丁で川に入り、流木を片付けていたのです。その川は、父が経営する農場の敷地内にあったので、私や姉たちもその川でよく水遊びをしていました。

炎天下の中、誰に頼まれるでもなく、先生は黙々と子どもたちのために汗を流していたのです。いつも「危ない」「ダメだ」と言われてばかりの私には、子どものために進んで働く先生の姿が、まぶしいほど印象的でした。

損得勘定なしに、ただ純粋に子どもたちのために働く先生の姿。**ボランティア精神とサービス精神にあふれ、誰かのために、今自分にできることをする。**その姿勢は、私の人生における指針となったのです。

突然の災厄が変えた人生

高校を卒業してすぐ、私は実家の牧場を継ぎました。ただ当時は、酪農そのものにあまり興味がありませんでした。

たまたま農家の息子として生まれ、小さい頃から毎日のように家の仕事を手伝っていたので、好きも嫌いも考える余地がなく、ただそれが日常だったのです。

今では牛への感謝の気持ちでいっぱいですが、当時の私は「家業を継いだ」という程度の気持ちでした。経営の先行きに不安を感じ、このまま続けていけるのだろうかという迷いを抱えながらの日々だったのです。

そんなとき、運命は残酷な形で私の背中を押しました。

「火事だ！」

振り返った私の目に飛び込んできたのは、牛舎から立ち上る赤い炎。目の前で、日常が音を立てて崩れていくようでした。

牛舎に保険はかけていません。私は、一瞬にして途方もない借金を背負うことになったのです。しかし、この**「最悪の事態」が、皮肉にも私の人生を大きく変えることになりました。**

灰の中から立ち上がる

私は、親戚の助けを借りて牛舎の再建に取り掛かりました。幸いなことに、コンクリートブロックで作られた基礎や壁は無事で、屋根と柱だけを作り直せばよいことに。再建自体は4カ月ほどで完了しましたが、その間の収入は途絶え、重い借金が私の肩にのしかかっていました。

そんな中で出会ったのが、家畜商という仕事でした。100万円の札束を2つ、胴巻きに入れて持ち歩くような、一見アウトローな商売です。周りからは「お前にはできない」と言われ、家族からも猛反対されました。ところが、ある家畜商の方が私に商売の極意を教えてくれたのです。

家畜商の仕事は、発見の連続でした。牛を見る目を養い、相場を読み、世の中の仕組みを理解する——それは単なる売り買いではない、奥の深い商売だったのです。

周りからの反対の声は相変わらず続きましたが、もう私に迷いはありませんでした。「何でも俺がやることはみんな、反対なんだから」。そう思い切ることで、**かえって本当にやりたいことを追求する決意が固まった**のです。

我慢して悔やむより、挑戦して負けたらいい

上手くいったら「ありがとう」、失敗したら「俺がダメだった。みなさんごめんなさい」。そのくらいの覚悟で臨んだ家畜商という新しい挑戦は、幸いにも実を結びました。好景気の追い風もあり、念願の借金完済を果たすことができたのです。

本当にやりたいことを素直にやる。私の考えは、いつも単純でした。

やりたくて仕方がないことをやることで、結果として自分の新しい可能性を開くことができたのです。**自分が本当にやりたいことには、どんなにピンチな状況でも、落ち込んだ自分を前に進ませる原動力**になりました。

世の中にはおもしろくないことがたくさんあります。

その度に私は、「まあいい、まあいい」と言って、グッと我慢してきました。けれども、**人生を決める重要な場面では、周りの反対を恐れず、自分の意志を貫いた**のです。

牛舎の火事がなければ、私はただの「落ちこぼれ酪農家」で終わっていたかもしれません。予期せぬ災難は、思いがけなく人生の転機となります。大切なのは、ピンチのときこそ、「自分が本当にしたいことは何か」を考え、行動に移す勇気を持つことなのです。

「迷惑」を恐れる社会の落とし穴

「人に迷惑をかけるな」という言葉について、私は少し違和感を覚えています。**若いときは、むしろ少々の迷惑をかけてもいい**と思うからです。

私の若い頃、隣の家におばあちゃんが住んでいました。車を飛ばして走り回っていた私に、「若いときはいいんだよ」と、いつもただただ温かく見守ってくれたのを覚えています。当時の私には、その言葉の意味も、おばあちゃんの優しさも、よく理解できていませんでした。しかし今、自分も年を重ねて、やっとその気持ちがわかるようになりました。

人を責めるのは簡単です。でもおばあちゃんは、未熟な私をそのまま受け入れ、優しく見守ってくれていたのです。若者の成長には、そんな大人の寛容さが必要なのかもしれません。

人の成長には、回り道や失敗が必要です。「まだ若いから」「人に迷惑をかけるかもしれないから」という理由で挑戦をあきらめる必要はありません。失敗を恐れずにチャレンジする。その経験こそが、やがて大きな財産となるのです。**我慢して、後で悔やむより、やってみて負けてもいい**のです。

次世代との向き合い方

若い人と話をするときは、同じ目線で向き合うことを心がけています。年齢が離れていても、一人の人間として真摯に耳を傾ける。それが相手の心を開く鍵になるのです。

私は昔から「アメーバのような人」と言われてきました。相手にあわせて自分を変えられる、柔軟な性格だったからです。この柔軟さは、とくに若い人との対話で活きています。威圧的にならず、同じ目線で話を聞く。そうすることで、相手の心が少しずつ開いていくのを感じます。

今の日本は、若者にとって少し生きづらい社会になっているのかもしれません。だからこそ、若者の可能性を信じ、ときには無茶も認める度量を持ちたい。それが、次世代を育てる私たちの責任だと考えています。

「発明」という新たな挑戦

「楽に仕事がしたい」――24歳の私は、このような単純な願いを抱いていました。

先の見えない経営、重くのしかかる借金。そんな中で手に取った1冊の本が、私の人生を変えることになりました。内容は「金儲け」に関するものです。1万円もする高額な本でしたが、周りに農家しかいない環境の中で、何か違う世界を知りたい、この現状を変えたいという思いから、思い切って購入したのです。その本の中に、特許出願の章がありました。それまでの私には、特許という言葉さえ縁遠いものでしたが、その瞬間、直感的に「これだ」と感じたのです。

頭の中のアイデアが財産になる――その考えに、私は強く魅了されていきました。

特許というシステムは、それまでの私の価値観を大きく揺さぶりました。汗水流して働くことしか知らなかった私にとって、それは全く新しい可能性の扉を開くものだったのです。

最初の特許出願のきっかけは、1988年7月、東京湾で起きた痛ましい事故でした。真夜中の海上で、海上自衛隊の潜水艦「なだしお」と遊漁船「第一富士丸」が衝突。遊漁船は沈没し、30名もの命が失われたのです。

「何か救える方法があったのではないか」。その思いが、私を行動へと駆り立てました。二重構造の首かけ式救命具を考案し、特許出願へと踏み切ったのです。販路開拓や製造コストの壁に阻まれ、実現には至りませんでしたが、その後も「人の命を守りたい」という思いは消えませんでした。

津波や土石流から命を守る「分母シェルター」、災害現場での救助を可能にする「ジェラクレスレスキュー機具」、命を守るための発明は、さまざまな形で新しい一歩を踏み出しています。

暮らしの中の小さな気づきも大切にしています。初めて特許化に成功した「ウィンドロウプレス」は、牧草収穫の作業を楽にする機械です。

そして今、力を入れているのが「マッスルモンスター」。雨上がりの牧草地では、重い作業車両がぬかるみにはまり、作業が止まってしまう。その度に時間とコストが無駄になる。この日常的な問題を解決するため、従来にない発想で機械を作り上げました。通常の牽引とは違い、ウィンチを横引きに使い、下部のツメが地面に食い込むことで、抜群の保持力を実現。その性能の高さから国際特許も出願し、海外からも期待の声が寄せられています。

この技術は農作業の枠を超えて、災害時の瓦礫撤去など、人命救助の現場でも活かせる可能性を秘めています。こうして、暮らしの中から生まれたアイデアが、人の命を守ることにもつながっていくのです。

酪農家だからこそ見つけられた答え

酪農と発明。多くの人は、この2つの世界に接点を見出せないかもしれません。しかし、実は酪農ほど発明の種が豊富な仕事も珍しいのです。なぜなら、**酪農には実にさまざまな分野が詰まっている**からです。

牛が病気になれば、医学の知識が必要です。牛の餌になる牧草を育てるには、農学の知識が欠かせません。作業には機械が必要で、その効率を上げるには工学的な発想が求められる。酪農は、まさに総合的な知恵の結晶なのです。

天候との戦いもあります。牧草を育てても、収穫時に雨が降れば台無し。お金も時間も無駄になる。そんな現実に直面するたびに、私の中でアイデアが生まれていきました。**困難な状況が、いつも新しい発想を育んでくれた**のです。

「週休2日制で働き方改革だ」と言われても、牛は毎日世話が必要です。でも、私は「できない」とあきらめるのではなく、「どうすれば解決できるのか」を考え続けています。その積み重ねが、やがて大きな発明につながっていくのです。

「明るい心配性」という武器

私は自分のことを「明るい心配性」だと思っています。一見矛盾するような言葉の組み合わせですが、これこそが私の発明の原点となっています。

心配性は普通、物事を暗く考えがちです。しかし私の場合、最悪の事態を徹底的に考え尽くした後、不思議と心が晴れてくるのです。そして、その先に必ず新しい発想が生まれる。それが「明るい心配性」の特徴なのかもしれません。

問題に直面したとき、私はまず「最悪の場合、どうなるのか」を考えます。そこから「では、それを防ぐにはどうすればいいのか」という具体的な対策が見えてくる。

この思考の繰り返しが、結果としてさまざまな発明を生み出してきたのです。

新しい機械の開発を例に考えてみましょう。故障の可能性、コストの問題、さまざまな角度から考え抜きます。

そして、それでも「作りたい」という思いがあれば、腹を括って決断する。たとえ失敗したとしても、それは覚悟の上での結果なのです。「こんなはずじゃなかった」。そんな後悔の言葉を使わないために、私は徹底的に考え抜きます。

ただし、細部にこだわりすぎて全体が見えなくなるのは愚かです。大きな視点で目的を見失わないこと。そして、**やりたいと決めて、肝を据えて実行したのなら、その結果は受け入れる**しかないのです。

心配性だからこそ、あらゆる可能性に目配りができる。リスクを考え、さまざまな場面を想定し、その上で挑戦する。最悪の事態を想定し覚悟したからこそ、後は楽に、自由に考えられるのです。

一般的に心配性は短所と考えられがちです。しかし、それは活かし方次第で、大きな強みに変えることができる。私の場合、**徹底的に考え抜く性格が、むしろ新しいアイデアや解決策を生み出す源**となっていったのです。そして、その積み重ねが、今日の発明につながっているのだと思います。

アイデアは「さぼり上手」から生まれる

考えるときの私なりのコツがあります。**付箋をホワイトボードの隅に貼るように、アイデアを頭の片隅に置いておく**のです。そうすると、全く別の仕事をしているときに、突然「これだ！」というひらめきが訪れる。

常に考え続けるのではなく、適度に「さぼりながら」考えることで、むしろよいアイデアが生まれるのです。

大きなテーマであれば、1年、2年かけて考えてもいい。ただし、それは同じところをグルグル回っているのではありません。一つひとつ突き詰めて、もうこれ以上考えられないというところまで徹底的に考え抜くのです。

次世代への思い

「困っている子どもたちを、何とか助けてあげられないだろうか」

60歳を越えた今、私はそんなことを考えています。

とくに気がかりなのは、恵まれない環境で育つ子どもたち。理解のない親のもとで育ちながらも、必死に頑張ってよい方向に進もうとしている子どもたちを応援したいのです。子どもの頃に受けた小さな制限や否定が、その子の可能性を狭めてしまうことがあります。

でも私は、大人の温かい励ましで、子どもの未来は大きく変わり得ることを知っています。あの日、私に「若いときはいいんだよ」と優しく声をかけてくれたおばあちゃんのように、今度は私が、次世代の子どもたちの可能性を信じ、支えていきたいのです。

幼い頃から、私の耳に届く言葉は「ダメ」「危ない」「できない」ばかりでした。とくに父は知識や経験を伝えることが苦手で、どうすればよいのかを教えてもらうことはほとんどありませんでした。

そのため、自分で考え、自分で動き、自分で学ぶしかなかったのです。「できない」と言われるたびに「どうやったらできるか」を必死で考えました。厳しい環境でしたが、その中で私なりの道を見つけていったのです。決して、制限のある環境が望ましいわけではありません。けれども、たとえ困難な状況に置かれても、それを乗り越える力は誰もが持っている。私はそう信じています。

親に恵まれなかった子どもたちは、幼い頃から修行に近いような環境で、さまざまな苦労を重ねてきたことでしょう。

親から十分な教育を与えられなくても、子どもたちには無限の可能性があります。私自身がそうだったように、むしろその困難が、その子なりの創意工夫や生きる力を育んでいるかもしれません。大切なのは、その芽を摘まないこと。そして、子どもたちの可能性を信じ、温かく見守り続けることなのだと思います。

近所の廃校になった学校を活用して、寺子屋のような場所も作りたいと考えています。知り合いの力も借りながら、小さな子どもたちに新しい可能性を示してあげたい。

とくに、親の影響であまり伸び伸びと生活できない子どもたちにも、別の生き方があることを教えてあげたいのです。

「これはダメ」「あれもダメ」ばかりではなく、「こうすればできる」「あんな道もある」ということを。**一人でも多くの子どもたちに、自分の未来を自分で切り拓いていく力を育んでほしい**と願っています。

私自身、周りと違う考え方を持つことで、小さい頃から苦労してきました。だからこそ、同じように苦労している子どもたちに、希望の灯をともしてあげたいのです。

思いを行動に変えるお金の力

お金について、私はよく考えます。それは、幼い頃からの記憶が深く関係しているのかもしれません。

「お金がなくなったら困る」——家ではいつも貧乏だとか貧しいとか困ったとか、そんな話ばかり。その言葉を聞くたびに、私の心は重くなりました。そして「貧しいこと」は「恥ずかしいこと」だと思っていました。それは日々のやりくりが上手くいっていないから、仕事が下手だから貧乏なんだと思っていたからです。

正直に言えば、私はお金が好きです。それには理由があります。**お金がなければ、**

どんなに素晴らしいアイデアも、人の役に立ちたいという思いも、ただの「思い」で終わってしまうから。

まずは、ビジネスで着実に利益を上げる。そして、時間とお金を「未来ある子どもたち」や「少し元気をなくしている人」のために使う。「ここをこうしてみたら？」「こんな方法もあるんじゃないか」と、経験から学んだことを伝える。それが私の考える、お金の最も意味のある使い方なのです。

「発明大学」の構想

発明は、頭で考えるだけならお金はかかりません。でも、その自由な発想が、誰かの人生を変えるかもしれない。私は、そんな可能性を信じています。

子どもたちの未来を広げるために、私は1つの構想を描いています。従来の教育の枠を超えた「発明大学」という新しい学びの場です。

学歴も経歴も関係ありません。入学の条件は3つだけ。本人が特許出願できる有用なアイデアを持っていること、強い意志があること、そして学校が認める内容であること、あるいは推薦者がいること。「論より証拠、やってみなはれ」という校訓のもと、次世代の問題解決者を育てていきたいのです。制限や否定ではなく、可能性を育む場所。そこから生まれるアイデアの数々が、きっと誰かの未来を、そして社会を変えていくはずです。

私は「できないこと」を「できること」にするには、どうすればよいのかを常に考えています。この小さな習慣が、人生の可能性を大きく広げてくれるのです。

たとえば、居酒屋に入ってメニューにない料理を「マスター、○○が食べたいんだけど」とお願いしたとしましょう。

このとき、2通りの対応があります。「作ってみますね！」と受け入れる店と、「申し訳ございません。当店では……」と断る店。この違いは、経営者の考え方そのものを映し出しています。柔軟な発想で新しいことに挑戦できるか、それとも従来のやり方に固執するか。自分の物差しだけで判断するか、それともお客様の視点に立って考えるか。肝っ玉が大きく、懐の深い経営者になれるかどうかは、こういった小さな判断の積み重ねなのです。

今の世の中には、やること自体が目的になってしまい、「なぜそうするのか」という本来の目標を見失っている人が少なくありません。「**誰かを喜ばせたい**」**という純粋な想いがあれば、自然と道は開けてきます。**小さな挑戦の一つひとつが、やがて大きな信頼となって返ってきます。結果として、収益も自然についてくるのです。

これは商売に限った話ではありません。人生のあらゆる場面で、誰かのために一歩を踏み出す勇気が、私たちの世界をより豊かに、より広くしてくれるのだと思います。

人との出会いが視野を広げる

人生を変えるような気づきは、思いがけない出会いの中にあります。私は、農家だけでなく、さまざまな人と出会い、話を聞く中で多くのことを教えてもらいました。そして、私の視野は少しずつ広がっていったのです。

家畜商の人、建設関係者、成果を上げた工場長──。彼らとの会話を通じて、1つの重要な法則に気づきました。**本当に優秀な人は決して威張らない。物事を柔軟に考え、新しい発想を恐れない**のです。

とくに重要なのは、「**成功している人の軌跡を深く掘り下げること**」です。成功している人の過去を見ると、そこには必ず苦労があり、試行錯誤があります。単にその人の現在の姿だけでなく、どんな考えで、どんな行動をとってきたのか。その部分に注目すると、多くの学びが得られるのです。

どんなときでも大切なのは、「わからないことはわからない」と素直に認めることです。それこそが、本当の学びにつながっていくのだと思います。

才能の種は、小さな「できる」の中にある

自分の得意分野を見つけることは、案外難しいものです。世の中には、自分は何が得意なのかわからない人が多くいます。実際に会社を経営している人でさえ、自分の強みが見えていない場合も少なくありません。

誰にでも必ず光るものがあるはずです。

大切なのは、じっくりと考え、自分の可能性を探っていく姿勢です。さまざまな

テーマに触れる中で、「これなら」という得意分野が見えてきたら、そこに特化していけばいい。若いうちは、周りと同じ道を歩むことを選ぶ人が多いかもしれません。それは決して悪いことではありません。日本のシステムは、真面目に取り組んだ人にはそれなりの道を用意してくれているからです。

ただし、その過程で重要なのは、**できるだけ多くの「引き出し」を用意しておく**ことです。さまざまな経験や知識を積み重ねることで、思わぬところから目標や手段が見えてくることがあります。

私の場合は、物事をいろいろと深く考えることが得意で、自分で考えて、何かをつくることも好きでした。家業があったため、すぐにその能力を活かすことはできませんでしたが、仕事の中で効率的な方法を考えることで、少しずつその力を育てていきました。

得意分野というのは、一朝一夕に見つかるものではありません。日々の仕事や生活の中で、「これなら人より上手くできる」「これを考えているときが一番楽しい」という小さな発見の積み重ねが、やがて自分の得意分野として形になっていくのです。

誰もが持っている特別な才能――それを見つけ、磨き、活かしていく。そこに、かけがえのない自分らしい人生が待っているのだと思います。

生まれてきた意味を探して

私はこれまでの人生で、「生まれてきてよかった」と心から思えた瞬間は、ほとんどありませんでした。

しかし最近になって、誰かの役に立てているという手応えを感じられるようになり、ようやくその意味を見出せるようになったのです。発明を通じて、誰かの仕事を少しでも楽にできる道具を作れること、人の命を守る技術の開発に取り組めること、そして次の世代に問題解決の喜びを伝えていけること。これらが私の生きがいとなっています。

あの日、ステテコ一丁で川に入り、子どもたちのために流木を片付けてくれた先生のように。温かく見守ってくれた隣家のおばあちゃんのように。人は、誰かのためにできることを探しながら生きているのかもしれません。

制限や否定の中で育った私だからこそ、わかることがあります。**人との「違い」は、決して弱点ではありません。むしろ、それは可能性の種なのです。**考えることを大切にしてください。自由な発想が、誰かの、そして自身の人生を変えるかもしれません。

牛舎の火事という最悪の事態が、私に新しい道を示してくれたように、**人生の危機は、ときとして思いがけない贈り物をくれる**ことがあります。

私のような人間でも、誰かの役に立てる場所が見つかりました。誰もが特別な才能を持っているのです。それは、まだ見ぬ宝物のように、みなさんの中で眠っているのかもしれません。

一歩一歩、自分の道を歩んでいってください。才能に気づき、それを磨き、誰かのために使う――そこにこそ、私たち一人ひとりの、かけがえのない人生の意味が詰まっているはずです。

最後に、これまでお世話になった多くの方々に心より感謝申し上げます。一人ひとりにお礼を申し上げたいところですが、その数があまりに多く、ここにすべての方のお名前を記すことは叶いません。

そこで代表して、2度目の牧場経営危機の際にピンチを切り抜けるアドバイスをくださった元農業普及センター所長の安藤道雄先生へのお礼の言葉を記させていただきます。

先生の講演会で語られた「池の中を知りたいのなら、棒で突っついていないで、自分で池の中に入れ」という言葉は、今でも私の心に深く刻まれています。この魂の入った教えとの出会い以来、私は安藤先生の熱心な信者となり、その言葉を胸に刻んで歩んでまいりました。

お読みいただき、ありがとうございました。

おわりに

本書が編集された2024年の世相も慌ただしく、激動の1年でした。年明けに能登半島地震が発生し、現在も復興がままならない状況が続いています。経済的にも、物価上昇、労働力不足、少子高齢化などの課題から、将来に対する不安が拡大。気候もまた地球温暖化の影響で、猛暑、台風、豪雨など、「観測史上初」と呼ばれる異常気象が多発しました。世界に目を向けても、戦争や貧困が日常を脅かし、平和と程遠い社会情勢となっています。

どこにいても、何をしていても、将来に何があるか誰にもわからないのです。だからといって何もしないわけにはいきません。できることが一人ひとりに必ずあるはずです。それを体現し、社会に貢献したいと日々行動を続けるのが、本書に登場した12名の方々です。彼らの存在は、「希望」と言えるでしょう。

平和とは言いきれない時代に、私たちはどう生きていけばよいのか。
その答えはひとつだけではありません。
ただ、目の前にある毎日を懸命に、自分のためだけではなく、人のために、社会のために生きることが、未来を変えていく第一歩になるのだと思います。

私たちの身の回りで、手の届く範囲で、できることはあるでしょう。達成するまでには、さまざまな苦難があるかもしれません。そんなときはどうか、本書のメッセージを思い出して、立ち上がる勇気を持ってほしいと願っております。

最後に、本書をお手に取ってくださった読者のみなさん、そして、人生の教えを共有してくださった著者のみなさんに、心より御礼を申し上げます。

ブックデザイン　山之口正和＋永井里実＋高橋さくら（OKIKATA）
DTP　西原康広
編集協力　ブランクエスト

不退転という生き方
挑戦者たちの思考法

2025年2月25日　第1刷発行

不撓不屈編集委員会

発行者　寺田俊治

発行所　**株式会社 日刊現代**
東京都中央区新川1-3-17　新川三幸ビル
郵便番号　104-8007
電話　03-5244-9620

発売所　**株式会社 講談社**
東京都文京区音羽2-12-21
郵便番号　112-8001
電話　03-5395-5817

印刷所／製本所　**中央精版印刷株式会社**

C0036

ISBN978-4-06-538894-5